何以为父母

父母

潘恭华◎主编

新疆文化出版社

图书在版编目（CIP）数据

何以为父母 / 潘恭华主编. -- 乌鲁木齐：新疆文
化出版社, 2025.3. -- ISBN 978-7-5694-4809-2

Ⅰ. G78

中国国家版本馆CIP数据核字第2025LD3078号

何以为父母

主　编 / 潘恭华

策　　划	祝安静	责任印制	铁　宇
责任编辑	张启明　李　晓	封面设计	天下书装
版式设计	李文琦		

出版发行　新疆文化出版社有限责任公司

地　　址　乌鲁木齐市沙依巴克区克拉玛依西街1100号（邮编：830091）

印　　刷　三河市嵩川印刷有限公司

开　　本　710 mm × 1000 mm　1/16

印　　张　8

字　　数　100千字

版　　次　2025年3月第1版

印　　次　2025年3月第1次印刷

书　　号　ISBN 978-7-5694-4809-2

定　　价　59.00元

每一位父母，都想给孩子最好的教育，都期望孩子成龙成凤。但家庭教育不仅需要爱，更需要方法。为人父母，是否常常觉得和孩子有距离感，是否常为孩子的不听话、不懂事、太费心而苦恼，甚至为孩子的教育问题而吵得四邻不安、鸡飞狗跳……

其实，类似的问题是所有父母或多或少都会遇到的，很多问题的出现都是正常的，甚至是无法避免的。问题在于，当家庭教育出现类似问题时，有的父母把批评的矛头指向孩子，很少会换位思考。要知道，没有教育不好的孩子，只有不会教育的父母。

那么，何以为父母？本书综合古今中外教育专家的建议，阐述完美亲子关系的本质、规律和关键点，并列举生活中大量的实例，进行客观的探讨，提供可行的思路和操作性的建议，以帮助家长朋友们切实掌握教育技巧并灵活运用，随时应对各种情况；本书也列举了不少反面案例，希望家长们能以此为鉴。

如果你也是一位正在为教育孩子不得法而焦虑的家长，那么就换种方式教育你的孩子吧！只要你能"俯下身子"进入孩子的内心，愿意把孩子当知心朋友，能站在他们的角度思考问题，再加上必要的技巧，那么你的一句话就会照亮孩子的一生，你的一个拥抱就会化解孩子心中郁积的"风暴雷鸣"。

　　说得再多，也难免挂一漏万；方法再好，也需要通过实践去检验。更多的经验，还需要读者朋友们在育儿实践中去体悟、去总结，相信每一位读者都会有所得，有所收获。

目 录
CONTENTS

第一章　你是"独裁"型家长吗？ / 001

家长越"独裁"，孩子越任性 / 002

孩子为什么对父母不耐烦？ / 003

怎样才能抓住孩子的心？ / 006

"乖孩子"不等于好孩子 / 008

第二章　倾听孩子内心的声音 / 011

倾听比表达更重要 / 012

尊重孩子的话语权 / 015

耐心听孩子把话说完 / 018

允许孩子有自己的想法 / 020

第三章　赞赏让孩子更加出色 / 024

罗森塔尔效应的教育启示 / 025

慎用批评，不要否定 / 027

不要吝惜对孩子的欣赏 / 030

再小的进步也应该被奖赏 / 033

第四章　多一些宽容，少一些斥责 / 036

理解孩子的小脾气 / 037

别太介意孩子顶嘴 / 040

错的不一定就是孩子 / 042

正确看待孩子撒谎 / 046

第五章　营造良好的沟通氛围 / 049

物质弥补不了情感饥饿 / 050

试着做孩子的知心朋友 / 052

温和的态度更容易让孩子接受 / 056

与孩子分享他的喜怒哀乐 / 059

正确面对孩子的负面情绪 / 062

第六章　让孩子信任并接纳我们 / 065

教育的过程少不了陪伴 / 066

理解是建立默契的开始 / 069

不和对着干的孩子对着干 / 071

努力和孩子寻找共同话题 / 074

孩子出现社交障碍怎么办？ / 077

第七章　吸引孩子与我们合拍 / 081

再忙也要多陪陪孩子 / 082

孩子出现问题时是改善亲子关系的契机 / 085

和孩子一起开家庭会议 / 088

家庭教导的五大导师 / 091

第八章　培养孩子的合作意识 / 094

注意培养孩子的交往能力 / 095

鼓励孩子多与人接触 / 098

和孩子一起参加活动 / 101

第九章　培养孩子的自律能力 / 105

过度管控的孩子学不会自控 / 106

命令不如商量，强迫不如诱导 / 108

第十章　放下棍棒，走出误区 / 111

打骂不能从根本上解决问题 / 112

建议比批评更管用 / 114

慎用惩罚教育 / 117

第一章

你是"独裁"型家长吗?

不可否认,父母都盼着自己的孩子有美好的未来。但问题是,我们不能因此忽视孩子的感受。要知道,逼着孩子去做不愿意做的事情,孩子也许会在高压之下选择顺从,却不能发自内心的认同,其结果就造成亲子关系的紧张与疏远。

家长越"独裁"，孩子越任性

说起来，"'独裁'型家长"并不是一个新词，笔者在此告诫父母们，过于"独裁"肯定会给亲子关系造成伤害。

如今，大多数家长在教育孩子的时候总是从成人的角度和标准去要求孩子——什么事情该做、什么事情不该做，都是家长说了算，完全忽略了孩子的感受，而且孩子的抗议无效。因为大多数家长都存有这样一个念头，那就是——我这样做是为了你好！不可否认，父母都盼着自己的孩子有美好的未来。但问题是，我们不能因此忽视孩子的感受。要知道，逼着孩子去做不愿意做的事情，孩子也许会在高压之下选择顺从，却不能发自内心的认同，其结果就造成亲子关系的紧张与疏远。

曾经有一个女孩子学习成绩优异，其他方面的表现也不错，就是不愿意和父母说话。是什么原因阻碍了亲子交流呢？在心理医生的逐步引导下，女孩子大哭着说出了自己的内心想法：

"小学时，我成绩优异，一直担任班干部；初中时，征文屡屡得奖，然后我考上了最好的高中；接着考上了不错的大学，年年拿奖学金……我妈说，我让爸爸很有面子，但我知道，这些不过是他的面子而已。"

"我从小被要求出类拔萃，做这做那，一直到现在。我不忍心让父母失望，也从没让他们失望过。但是在这个过程中他不断地要求我，而不是出于一个爸爸对女儿的爱……"

女孩的爸爸真的不爱她吗？未必。只是他的教育方式太生硬，让孩子从感情上难以接受。生活中有很多家长都习惯于这种"独裁"式教育，或要求孩子做这做那，却从来没有问过孩子的感受；或为孩子做这做那，却没有问过孩子是否喜欢这样的安排。的确，爱之深、责之切，但在孩子看来，这不过是"独裁"和霸道，甚至会被看作投入与产出的利益关系。这样做的最终结果，很可能是你对孩子再好，为他们付出再多，他们也不会从内心深处感激你，相反，还会对你怨声载道。

孩子为什么对父母不耐烦？

有一个名人曾说过："走入孩子的心灵世界中去，你会发现那是一个广阔而又迷人的新天地，许多百思不得其解的教育难题都会在那里找到答案。"可是，在现实中，很多家长都遇到过这样的难堪：别说是走进孩子的内心，就是走近孩子的身边，孩子都会表现出十二分的不耐烦。

有的家长有这样的困惑：孩子和他们的同学、朋友甚至网友都能侃侃而谈，聊得津津有味，唯独对自己惜字如金，一天不超过三句话，三句话还是"嗯""好""知道啦"。一旦问得稍微多一些，孩子就会把父母顶撞得哑口无言。

有的家长有这样的感慨：不知道孩子在想些什么，也无法知道。孩子明明近在眼前，却仿佛远在天边，不可捉摸。家长迫切地想要把自己的担心和忧虑告诉孩子，也希望孩子把自己的内心所想及时反馈给自己。可是，家长越是谆谆教导，孩子表现得越叛逆，甚至在内心垒起一堵高高的墙，根本不想让家长走进他的世界。

有一次，一位女老师问班上的一名女学生："你和父母的关系融洽吗？"女学生刚开始含糊地应付说"还行"，后来很无奈地说："老师，我现在和父母的沟通越来越少，每天回到家之后，我会把自己关在房间里，除了吃饭，都不怎么和父母说话。"

"这是为什么呢？"在女老师的追问下，女学生道出了实情："和他们说话，总像是在接受命令。他们不想了解我的心思，我也就不想和他们说了。"

看到这里，很多父母会深感诧异。因为他们都认为自己做得很到位——衣食住行方面的照顾就不说了，我们天天跟孩子说，你要好好学习，将来一定要有出息，千万别走某某的老路……难道这不是"沟通"吗？

这恰恰是问题的关键所在，那些对科学育儿知之甚少的父母，会习惯性地将自己的"教训""命令""责骂"等归于"沟通"。事实上，这根本算不上沟通。沟通是双向、互动的，而父母们习惯用单向的、带有指令的方式，给孩子下命令。

　　这导致了一个无法调和的对立：孩子总认为爸爸妈妈不了解自己，家长却总是抱怨孩子不对自己说心里话。纵然家长苦口婆心，一片热忱，孩子依然会感到困惑与无力、痛苦且焦灼。

　　沟通出现了断裂，教育自然难以为继。那么，有些孩子为什么不愿意和父母交流呢？很显然，一切都需要追溯到父母的教育理念和沟通方式上。

　　第一，这源自父母不能放手让孩子自己成长。很多家长喜欢事无巨细地替孩子安排，用强势来压制孩子，很少在乎孩子的情绪。如此一来，孩子就会觉得父母不理解他，不考虑自己的感受，从而不愿对父母敞开心扉。

第二，缺乏教育针对性。很多父母都喜欢用大众化的教育方式来教育孩子，盲目跟风，从来没有深入了解过自己的孩子，使孩子沦为各种花式育儿方法的试验品。事实上，适宜自己孩子的才是最好的，那些不相匹配的教育方式，只会让孩子不堪重负，感到疲惫和压抑。

第三，父母喜欢想当然，自以为是。很多父母在与孩子交流的时候总是想当然，表面看上去是与孩子平等交流，实际上却习惯于将自己的想法灌输给孩子，期望孩子乖乖听话。孩子不听话，那就是"不争气"。如此一来，孩子自然不愿意再和父母沟通。

第四，沟通方式有问题。妈妈的唠叨、爸爸的训斥，都是孩子极为反感的，可是有些父母除了这两种方式就没有其他的沟通方式，很难让孩子打开心扉。

怎样才能抓住孩子的心？

欣欣是一个农村女孩，她的爸爸妈妈常年在外地打工，由于工作忙碌，又居无定所，只能把欣欣留在老家，由欣欣的爷爷奶奶来照看。当时想的是，这样做，一方面省得孩子跟着大人在外漂泊，另一方面也能给孩子提供一个好的成长环境。再说，平时爷爷奶奶在家能照料好欣欣的饮食起居，爸爸妈妈再隔三岔五地往家打个电话，欣欣过得也差不到哪去。

这样的安排看上去不错，事实却并非如此。比如父母每次都希望能跟欣欣在视频里多聊聊，但每次都事与愿违：

"欣欣呀，最近在家乖不乖？有没有听爷爷奶奶的话？没让他们生气吧？"

　　"嗯。"

　　"最近学习怎么样呢？有没有考试啊？分数上去了吗？"

　　"还那样。"

　　"你们班主任老师有没有批评你啊？"

　　"……爸爸，奶奶想跟你说话。"

　　欣欣跟爸爸说不了几句话就不耐烦了，索性喊奶奶来应付，自己则跑到一边看电视去了。

　　可以想象，欣欣的爸爸当时一定很沮丧，他很想跟孩子多说些话，但孩子根本不想理他。为什么？很重要的一点在于，他虽渴望与孩子进行良好的沟通和交流，但重点是他单方面想去了解孩子的近况，却忽视了孩子的内心需求。这样的话，当然也就抓不住孩子的"心"。

相较成人，孩子在和父母交流的过程中，更加在意父母是否重视自己的内心感受。如果在交流的过程中感觉不合拍，觉得父母关注的问题都是浅层次的问题，当然就不愿意同父母说话了。

家长们应该了解，孩子在学习或者其他方面受到挫折后，会非常渴望从家人那里找寻安慰，缓解苦闷。如果家长肯和子女多聊天，不但能帮孩子疏解情绪，而且还能让他们从家人那里获得好奇心的满足，这十分有利于孩子的成长。

事实上，大多数父母都应该深刻的反省，虽然他们爱子女的心从来都没有改变，但是处理问题的方式确实有待完善。比如当孩子在学校里受了委屈或者是在学习上遇到困难向父母诉苦时，换来的往往是唠叨和批评。久而久之，孩子就不愿意同父母讲心里话了，他们宁愿跟朋友讲，甚至跟小猫小狗讲，也不跟父母讲。

"乖孩子"不等于好孩子

曾几何时，年轻的父母们都希望自己有一个"乖孩子"，要么夸孩子"乖"，要么责怪孩子"不乖"。其实，"乖"与"不乖"，都只是一个笼统的概念。乖孩子听大人的话，在某些人眼中就是"好孩子"。殊不知，这样的"好孩子"在性格上可能存在不足之处，即缺乏自主、独立的精神。

有些场景，在生活中并不让人陌生。比如一个男孩子淘气、不听话，惹家长生气了，家长马上会说："你这么不听话，以后没有人会喜欢你！"家长希望孩子就此做个乖小孩，并自以为孩子会从此听话，却不知道这句话的危害所在。

　　确实，有些小孩子在听了父母所说的"大家都喜欢干净整洁的小孩""听话的孩子人见人爱""见到长辈主动问好，人家才会喜欢你"这类话后，态度发生了巨大变化，真的变得比从前听话了，不跟家长顶嘴了，见到客人知道主动问好了，也爱干净整洁了。但仔细想一想，这样的改变，真的值得我们高兴吗？

　　认真一推敲，我们就会发现这样的教育其实是有漏洞的。父母张口闭口就对孩子说，你要怎样怎样，大家才会喜欢你，很容易培养出一个迎合他人、没有自我，甚至看风使舵的"小大人"。

孩子在很小的时候没有什么主见，他的人生观容易受到大人的影响。如果家长总是和孩子强调"怎样做才能人见人爱"，那么孩子在潜意识中就会为了得到别人的夸奖而改变自己，他们会像个"小大人"一样世故、老练，懂得讨好别人，懂得按照世俗的价值观来行事，但并不明白好行为的真正意义。

如果任由孩子这样发展下去，孩子会变成什么样的人呢？他们会变得不再天真，不再无忧无虑，而是像个成人一样，脑袋里想的是怎样迎合世俗、迎合他人，从而变得世俗和功利，虽然家长起初的愿望只是为了让他变得听话。

等孩子再长大些，这种曲意迎合可能会导致他的从众心理更加明显，以至于将市侩的观点当作正确的观点。那个时候，他可能会这样说话："当老师有什么了不起，还不是一样骑自行车上班？用功读书没用，赚钱才是硬道理。"

所以，孩子"乖"也好，"不乖"也罢，都需要用一种健康的心态来加以引导。比如送别人礼物，要告诉孩子，这样做的目的是表示谢意和尊重，是基于彼此的认可和基本的交流，而不是为了得到某些特别的照顾。再比如，和同学的交往也要正确看待，不要用世俗的眼光和标准去衡量。

孩子乖一点儿没什么不好，但不要把"乖"等同于"事事顺从"。

大家不妨去看看，那些从小就接受"听话教育"的孩子，是不是经常带着一脸委屈怯生生地站在人生舞台的边缘？是不是怎么鼓励，他们也难以站在人生舞台中央闪闪发光？他们是不是缺少创造力，同时执行力也不够？这不怪他们，自从他们被塑造成绝对的"乖"孩子时，一个个毫无主见、只按陈旧的世俗观念行事的人就已经诞生了。

第二章

倾听孩子内心的声音

　　在现实生活中，遇到孩子不听话，大多数父母只会大摇其头，大吐苦水：孩子内心究竟是怎么想的？他怎么什么都不肯告诉我？然后抱怨孩子不懂事。孩子或许真的不懂事，而父母呢，显然也不懂得科学育儿的那些事。想打开孩子的心门，探究他的内心世界，父母必须放下姿态，温和地倾听孩子内心的声音。

倾听比表达更重要

"知心姐姐"卢勤在她的《好父母，好孩子》一书中，讲过这样一个亲身经历的故事：

"每次孩子回家，总是兴致勃勃地给我讲幼儿园里的事，不管我爱听不爱听。儿子需要一个忠实的听众，而妈妈是最合适的人选。"

"遗憾的是，开始我没有意识到孩子的这个需求，总觉得听孩子说话，浪费了我写稿子或思考的时间。所以，每次孩子和我讲话，我总是做出很忙的样子，眼睛左顾右盼，手里还不停地翻动着书报。"

"没想到，我的忙碌给孩子的语言带来了障碍。由于他是个思维很快的孩子，为了在有限的时间里把话说完，就讲得很快，慢慢地，讲话就变得结结巴巴。"

"这引起了我的注意，我也开始改变自己，尽量抽出空来，倾听孩子讲话。"

也就是说，父母能否耐心倾听孩子讲话，对孩子语言能力的发展有重要影响。相关的科学研究也证明了，倾听比表达更重要。除此之外，对于那些不听话的孩子，父母也只有耐下心来，倾听他们说话，才有可能真正地了解其不听话背后真实的想法，进而引导他们，解决问题。

在现实生活中，遇到孩子不听话，大多数父母只会大摇其头，大吐苦水：孩子内心究竟是怎么想的？他怎么什么都不肯告诉我？然后抱怨孩子不懂事。孩子或许真的不懂事，而父母呢，显然也不懂得科学育儿的那些事。

想打开孩子的心门，探究他的内心世界，父母必须放下姿态，温和地倾听孩子的心声。且看下面的例子：

辰辰今年9岁，是一名小学三年级的学生，上课喜欢调皮捣蛋。对此，老师很头疼，父母更头疼，而且怎么教导他都没有明显成效，辰辰依旧我行我素。

有一天，辰辰的妈妈在收拾辰辰的书桌时，无意中发现了一张夹在书里的纸条，字迹明显是辰辰的。纸条上写着："爸爸妈妈从来都不听我说话，不了解我心里想什么，不关心我。"那一刻，学过一点儿童心理学的妈妈意识到，孩子调皮捣蛋，可能只是想引起老师的注意和父母的关心。

于是，等辰辰放学后，妈妈找他谈了一次话。

"辰辰，来跟妈妈聊会儿天，好吗？"

"你又要训斥我了吗？"

"不是，这次，你说，我听。"

"真的？"

"真的。"

"可是，说什么呢？"

"那就说说你在学校调皮捣蛋的事吧，还有——为什么会这么做？"

辰辰见妈妈很认真，也很认真地对妈妈说起了自己在学校里如何调皮捣蛋，还有为什么要这样做的原因。跟妈妈猜想的一样，辰辰是不甘寂寞，急于引起老师的注意。

最后，妈妈笑着问辰辰："如果我们以后都能认真地听你说话、关心你，你是不是就不再调皮捣蛋了？"

辰辰点了点头。

这个例子再次告诉我们，每个不听话的孩子心里都有属于他们的声音，只有愿意倾听的父母，才能够听见。没有人喜欢跟一个高高在上的人讲自己的心事，孩子更是如此。

尊重孩子的话语权

晓梅是个小学生，今年已经上四年级了。她原本是个活泼开朗的孩子，不过现在总爱一个人发呆。为什么会这样呢？晓梅的老师经过几次家访，才了解到晓梅性格转变的原因。

原来，以前晓梅有个习惯，那就是每天放学回家之后，都会兴高采烈地把学校里发生的趣事说给爸爸妈妈听。一开始，父母还有些兴趣听她诉说，后来听得多了，就觉得无趣了。另外，晓梅一天天长大了，学习变得越发重要，所以爸爸妈妈逐渐只关心她的学习，对她说的那些趣事毫无兴趣，甚至觉得一点儿用都没有，说那些事简直就是在浪费时间，因此会不由自主地阻止晓梅继续说下去。刚开始的时候，爸爸妈妈还比较温柔，说："好了，不要说了，去看书吧，乖！"晓梅虽说不理解，但只好悻悻地回到自己房中。

有一次，晓梅又忍不住说起了班级里发生的事情，正说得兴高采烈时，性格本来就有些粗暴的爸爸突然打断她，说："跟你说过多少次了，让你别那么多废话，你还说，有完没完啊！写作业去！"晓梅被吓到了，没说完的话也不敢说了，一个人心惊胆战地回到自己的屋子，作业也没心思写。

后来，晓梅在家里的话越来越少，性格越来越沉闷，成绩也受到了影响。

类似晓梅这样的情况并不少见，很多家长都不太尊重孩子的话语权和表达权，通常都是应付几句，敷衍了事，赶上心情不好，还会像晓梅的爸爸那样发一番无名火。这种做法是非常不妥当的，若不加以改善，势必会影响亲子关系。

　　更为重要的是，话语权得不到尊重的孩子，慢慢地就会知难而退，不再跟父母分享自己日常生活和学习状况，父母也就很难了解孩子心底真实的想法，这对孩子的教育也是非常不利的。下面的例子，揭示的就是这个道理：

　　小刚9岁了，上小学三年级。他性格内向，很少主动找父母说自己的心事。有一次，数学考试成绩不及格的小刚被老师当着全班同学的面批评。小刚很伤心，回到家，很想跟爸爸说说这件事。

　　"爸爸，我有事想跟你说。"小刚怯怯地说。

小刚的爸爸也没有想平日很少跟他说关于自己事情的儿子今天为什么这么急着要找他聊天，就急忙说："学校里的事情吧？不是说了吗，不要每天回来就讲你们学校的事情。"

"可是，爸爸……"

"好了，小刚，爸爸很忙，给你赚钱呢，你去写作业吧！"

小刚默默地回到自己的房间。想想白天发生的事情，他忽然很怕再上数学课。

此后，小刚一上数学课就担惊受怕，数学成绩也一落千丈。

试想一下，在那天放学后，如果小刚的爸爸没有以忙为借口不听孩子的倾诉，而是耐心倾听、积极引导，那么结局又会是另一番样子。也许小刚的数学成绩还是那样平平无奇，不上不下，但是至少小刚不会那么无助，那么恐惧数学。

事实证明，家长不尊重孩子的话语权，想打断就打断，一方面不利于孩子语言能力的发展，另一方面也容易让孩子产生自卑心理。下面总结了一些家长习惯性的不当行为，可以对照一下，你是否也有类似的问题：

（1）家长从来都不注意响应孩子倾诉的需求，当孩子主动找家长说话的时候，家长总是以忙为理由不愿意去倾听。

（2）当孩子兴致勃勃、滔滔不绝地讲话时，家长总是习惯性地将其打断。

（3）家长能够在生活方面将孩子照料得很好，但在真正平等地对待孩子、维护孩子自尊方面做得不够。

（4）当孩子在学习和生活上有什么问题时，家长不愿意听他们的倾诉，更不愿意帮他们分析原因。家长有时根本不等孩子把话说完，轻则呵斥，重则打骂，孩子只好将心里的话咽回去。

人和人之间的沟通，无非就是诉说和倾听。想要让孩子敞开心扉和自己对话，家长先从尊重孩子的话语权开始做起吧！

耐心听孩子把话说完

每个孩子都有自己的心声，但他们年纪小，表达能力有限，会遇到诸多障碍，作为家长一定要耐心倾听，这样才能真正了解孩子的想法和感受。

有这样一个颇具启发意义的小故事：

一位母亲问她5岁的儿子："假如妈妈在和你一起出去玩时渴了，一时又找不到水，而你的小书包里恰好有两个苹果，你会怎么做呢？"

儿子小嘴一张，奶声奶气地说："我会把每个苹果都咬一口。"

虽然儿子年纪尚小，不谙世事，但母亲对这样的回答心里多少有点儿失落。她本想像别的父母一样，对孩子训斥一番，然后再教孩子该怎样做，可就在话即将出口的那一刻，她突然改变了主意。

母亲握住孩子的手，满脸笑容地问："宝贝，能告诉妈妈你为什么要这样做吗？"

儿子眨眨眼睛，满脸童真地说："因为……因为我想把最甜的一个留给妈妈！"

那一刻，母亲感到欣慰极了，她在为儿子的懂事而自豪，也在为自己给了儿子把话说完的机会而庆幸。

再来看一个反面案例：

欣欣5岁了，是一个活泼可爱、讨人喜欢的小姑娘。欣欣每天从幼儿园回来总是叽叽喳喳地说个不停，妈妈也总是很愿意听欣欣说。母女俩有问有答、有说有听，不亦乐乎。

这个暑假，欣欣跟着妈妈去了乡下的姥姥家，在那里，她看到了很多令她兴奋的事情。刚回到家里，她就跑到爸爸的书房，很想把这些事情都告诉爸爸。

"爸爸，我跟你说，我看见萤火虫了，一闪一闪的，很漂亮。"欣欣一边说一边挥动着手臂，做了一个飞翔的姿势。

"哦。"爸爸继续把头埋在自己的文件中。

"爸爸，我还看到了核桃树、苹果树、桃树……很多树，至少有100棵。"欣欣看爸爸连头也没有抬一下，兴致全无。

"哦。"爸爸还是继续看他的文件。

欣欣站在桌子旁边，看了爸爸好久，觉得自己好多余，最后泪眼汪汪地走了出来。

在孩子有问题要问时，家长要更有耐心。因为我们都知道，孩子对世界充满好奇，他们的脑子里也经常充满各种稀奇古怪的问题。我们不仅不应该忽略这一点，还应该有意识地鼓励孩子多问几个"为什么"。而大多数家长在孩子问第一个问题的时候通常是很有耐心的，可如果孩子接二连三地提出问题，就会不耐烦了，继而粗暴地打断孩子，不让孩子再问下去。这种做法不仅极大地伤害了孩子的好奇心，也切切实实地伤害了他们幼小的心灵。

允许孩子有自己的想法

很多父母认为，培养孩子的独立性极其重要。没错！那么培养独立性的第一步从哪里开始呢？那就是父母应该允许孩子有自己的观点，并且鼓励孩子说出来。当孩子的观点和父母的想法有冲突时，父母还要尽量包容，鼓励孩子与自己争辩并讲清他的道理。

孩子与父母争辩，往往被家长视为"不乖"，或者"翅膀硬了"，其实不然。当一个人对很多事情开始有了自己的想法时，说明他开始了独立思考。一个孩子说出自己的想法，往往也是他调动自己的思维能力和加深对周围事物理解的过程。一个孩子能与父母争辩，往往也意味着他自我意识的不断增强和心智的日益成熟。

因此，千万不要阻止孩子说话，因为阻止他们说话相当于阻止他们思考、阻止他们成熟。

没有一个孩子的思想是在一夜之间成熟的，他们需要一个成长和提高的过程。在这个过程中，他们很渴望说出自己的想法，有时候也难免会和父母发生争论，这就要求父母调整好自己的心态，不要为了维护自己所谓的"权威"而被冲昏头脑。下面故事中的爸爸，处理这类状况时的表现就非常糟糕：

军军今年刚上初一，他是一个活泼好动的男孩，特别喜欢体育运动，尤其是踢足球。但是军军的爸爸不怎么支持孩子踢球，认为孩子踢球会耽误学习，所以时不时地敦促他好好学习，潜台词则是：别老想着踢球！

这天，军军和几个小伙伴去球场踢球，回家稍微有些晚了，他害怕挨骂，想和小伙伴们分开走，但刚走到路口，看到爸爸已在等他。爸爸看到他的第一句话就是："成绩不怎么行，玩起来倒是很有劲，我看你将来怎么考大学？"

爸爸的话让军军很没面子，他争辩道："我很久没有痛快地踢球了，今天破例晚了一点儿，你也不用这么生气吧！"

"今天破例，明天破例，以后就不用学习了。我生气还不是为你好，你还敢在外人面前跟我顶嘴，翅膀硬了是不是？都不知道你以后想怎样！"

"你根本就不知道我在想什么！"军军大喊。

军军悻悻地回到家，完全没有了先前的愉悦。

孩子有自己喜欢的娱乐活动，这本来是好事，但是很多家长认为这是不务正业，每每不由分说地对孩子大加责备。就像故事中所展现的，父亲因为反感孩子踢球和"顶嘴"的行为，完全不顾及孩子的面子和内心的想法，就断定他是在动摇自己的权威，马上拼凑出几大"罪状"，又是当下，又是未来，总之孩子就是不对，因此引发了父子之间激烈的矛盾。

在亲子沟通中，最忌讳的就是拿家长的权威去压迫孩子。在这种情况下，孩子顺从与不顺从都会留下不良后果。很多时候，孩子可能会迫于家长的权威，说一些违心话，甚至不惜撒谎，以赶紧渡过面前的难关。

18 岁的小刚马上要考大学了，对于自己未来学什么专业，小伙子早有打算：他准备报考社会学，将来更好地服务社会。因此，当爸爸问他要考什么专业时，他不假思索地脱口而出"社会学"。

爸爸听了，半天才轻轻说了一句："那个专业很不好就业，我希望你慎重考虑一下医学。"说完转身回到自己的房间。然后，房间里就传来爸爸和妈妈争吵的声音。

原来，妈妈支持孩子的决定，爸爸却强烈反对，希望儿子能去学医。刚开始，父母还只是偶尔争吵一下，后来争吵的次数越来越多。

有一次，小刚实在受不了了，就对爸爸妈妈说："好了，你们不要吵了，我想了一下，觉得医学也不错，就报医学吧！"

爸爸听了欣慰不已。

殊不知，这只是他的一个谎言，他最终还是坚持自己的喜好，在填报志愿时填写了社会学。当爸爸得知真相后，已经无济于事了。这件事让爸爸生气了好久，他想不到儿子竟然会欺骗他。但是，志愿已经报了，他也无可奈何。

这样的故事大家想必都不陌生。每年的高考季，我们都能看到、听到一些相关事例。父母对孩子有所期待并不为过，孩子有自己的想法与追求也合情合理，重要的是父母要有耐心，确保与孩子沟通顺畅。只要沟通还顺畅，父母与孩子之间就没有解决不了的矛盾。

第三章

赞赏让孩子更加出色

　　有一位哲学家说，鼓励是自信的"酵母"，夸奖是自信的前提。要让孩子变得更加优秀，最有效的方法就是及时地夸奖和鼓励他。正确的夸奖能使孩子坚定自己的信心，让孩子相信自己拥有变得更好的能力。当一个孩子具备了这种乐观的精神与思维方式的时候，学业或事业对他来说都不再是难事。

罗森塔尔效应的教育启示

　　罗森塔尔是著名的心理学家，他和他的团队做过这样一个实验：罗森塔尔和他的团队来到一所小学，他们从一年级到六年级中各随机挑选了3个班，然后对这18个班级的学生进行了所谓的"未来发展测试"，但其实罗森塔尔根本没有进行这个测试。在这之后，罗森塔尔用赞许的语气将一份"最有发展前途者"的名单交给了学校老师，并叮嘱他们对学生保密，以免影响实验结果。罗森塔尔其实对学校撒了一个"权威性谎言"，因为名单上的学生只是随机挑选出来的。

　　8个月后，罗森塔尔对这18个班级的学生进行复试，结果发现凡是在名单上记载的学生的成绩都有了较大进步，并且他们性格开朗，富有求知欲。

　　为什么会出现这样的现象呢？

　　这是因为罗森塔尔是著名的心理学家，有相当高的知名度，是人们心中的权威，老师们对他的话都深信不疑，因此就对他递交的名单上的那些学生充满了信心，经常称赞他们。而这些学生也感受到了这种期望，认为自己确实聪明，从而提高了自信心，在两方面因素形成的合力作用下，真的成了优秀的学生。

　　称赞会给人极大的鼓舞，体现在小孩子身上尤其明显，而父母的表扬与其他人相比产生的作用会更大。心理学家们经过实验发现，孩子会在无意中按父母的评价调整自己的行为，以期得到父母的表扬和认可。生活中，有很多细节都能展现这一点。

有一次，我去一位朋友家，女主人正在擦桌子，她两岁多的小孩子马上蹭过来，也学着妈妈的样子，手拿一块布在桌子上抹来抹去。其实，这么小的孩子完全没有做家务的概念，她只是单纯地模仿而已。但这位聪明的母亲知道其中的重要性，她马上抓住了这样一个夸奖孩子的机会，说："小威真懂事，这么小就想帮妈妈擦桌子，谢谢你！"小威听到妈妈这样讲，马上来了精神，在桌子上抹得更带劲了。不仅如此，妈妈在擦完桌子之后，还指点孩子："以后擦桌子的时候，这些边边角角也擦干净，那就更好了。"小威高兴地点点头。

可以预见，小威在妈妈的引导下，一定会越来越优秀。在日常的教育中，家长们也应该对自己的孩子多一些表扬，而不是动不动就拿别人家的孩子说事儿。须知别人家的孩子可能真的很优秀，但把自己家的孩子引导成优秀孩子才是最重要的。

对孩子的一些想法和行为，我们不能按成人标准来判定，应该站在孩子的视角发自内心地赞美孩子，比如"你真棒，我小的时候可没有你这样有创意"等。这样做，孩子的进步速度就会越来越快，孩子也会把父母当作自己生活中的良师益友。反过来说，如果一味地指责甚至是狠狠地训斥孩子，孩子的无限潜能就会被父母的指责和训斥声所扼杀。

哲学家说，鼓励是自信的"酵母"，夸奖是自信的前提。要让孩子变得更加优秀，最有效的方法就是及时夸奖和鼓励。正确的夸奖能使孩子坚定自己的信心，让孩子相信自己拥有变得更好的能力。当一个孩子具备了这种乐观的精神与思维方式的时候，学业或事业对他来说都不再是难事。

慎用批评，不要否定

批评孩子要非常慎重。不讲方法的批评，对孩子的打击往往难以估量。所以，教育学家们反复告诫家长们，即使是在盛怒之下，也不要没头没脑地指责孩子。那些看上去很"坏"的孩子，很多都是被过多批评、缺乏父母关爱的牺牲品。

一位记者朋友曾经讲过一个男孩的故事。这个男孩 15 岁时被关进了少管所。这位记者朋友通过采访，了解到男孩的成长经历，觉得他非常可怜，也非常遗憾。

这个男孩小时候确实顽皮，但也不是没有优点，起码他的运动天赋很高，智商也很高，不然想不出那么多歪点子，搞不出那么多恶作剧。但因为常常在闯祸后受到父亲的打骂，在班里也常被老师批评，慢慢地，他开始处处与老师对着干，不久就被校长在全校点名批评，回家后再次被父母骂，于是便自暴自弃，最后沦为了罪犯。

"一个孩子在成长中没有遇到一点儿爱的温暖，却总是遭遇到充满恶意的批评，试问他怎么能改掉自己的毛病呢？"这位记者朋友在报道中写道。

是呀，成人犯错都是难免的，更何况孩子！如果家长只会打骂孩子，老师也总是批评孩子，孩子得不到鼓励和支持，没有得到别人的一

点儿理解，他只会消极到极点，只会觉得自己永远不可能再重新来过，那他就会彻底地放弃自己，铤而走险，图一时欢乐去做坏事，甚至违法犯罪。因此，作为父母，在教育孩子的过程中，别总是着急否定孩子，每一次的否定都是在把孩子往歧路上推。

家长们用心良苦，目的都是想把孩子教育成材，但简单、粗暴的责骂不等于教育，更不能使孩子从心底认识到自己的错误，体会到父母对他们的关怀，而且最容易引起孩子的反抗。这种叛逆心理一旦形成，就会造成父母和孩子间的隔阂和冲突——孩子会在情绪的影响下，越来越叛逆，你越是批评他，他就越是要和你对着干……家长们又何尝不是被情绪绑架了呢？

对于孩子来说，他们由于心理不成熟，自我约束力差，自我纠错能力差，所以在成长过程中不但错误百出，甚至可能会经常犯同样的错误。有些家长对孩子过于苛刻，孩子一出错，就不停地批评孩子，意图把孩子骂醒。但不管怎么骂，首先给孩子带来的是一种伤害，结果也不可能是家长想要的。

没有人喜欢被否定，孩子尤其如此。因此在批评孩子的时候，不妨换一种方式，试试"三明治法"，这样孩子就比较容易接受。所谓"三明治法"，是指把批评的内容夹在表扬之中，从而使受批评者愉快地接受批评。这种方式就如三明治，第一层是认同、赏识、肯定对方的优点或积极面；中间这一层夹着建议、批评或不同观点；第三层是鼓励、希望、信任、支持和帮助。这种批评法不仅不会挫伤受批评者的自尊心和积极性，而且还会使其积极地接受批评，并改正自己不足的方面。

此外，父母在批评孩子的时候，一定不要攻击孩子的人品和性格，不然就会把原本简单的事情搞得复杂化。说白了，就是在任何情况下，都要做到对事不对人。

不要吝惜对孩子的欣赏

很多家长可能想不明白：孩子为什么一定要得到赞赏呢？这是教育中一个必要的手段吗？家长如果想弄清楚这个问题，可以先换个角度想想。

试想一下，假如你今天在公司认认真真地做了一份策划书，被同事们大加赞扬，你会怎么想呢？会不会感到很欣慰：我的努力没白费。

再想一下，假如你今天烧了一顿可口的饭菜，家人很喜欢吃，并且在吃完之后满足地说："嗯，今天的菜做得真好！"你会不会特别高兴，下次会更加兴致勃勃地为大家做一顿丰盛的美味？

大人们有这样的心理，孩子也一样，他们很需要得到家长的欣赏和认可。也可以这样说，鼓励是每一个人的自然需求，很少有人受到批评之后还会很开心。而孩子幼小的心灵更需要受到鼓励，他们期待着鼓励，就好比花草树木期待雨露一样。鼓励能够使孩子的信心高涨，让他们变得更加努力、上进。

著名教育家陶行知曾经指出："教育孩子的全部秘密就在于相信孩子和解放孩子。"

著名的成功学大师拿破仑·希尔也在书中讲过自己的亲身经历：

希尔说自己从小就被认为是一个坏孩子。无论家里出了什么样的倒霉事，大家总认定是他干的，甚至连他的父亲和哥哥都认为他很坏。父亲认为，母亲很早过世，没有人管教是希尔变坏的主要原因。对于希尔来说，这些其实让他感觉无所谓，反正大家都这样认为，那就当个坏孩子吧！

直到有一天，父亲再婚，继母站在希尔面前，希尔却像枪杆一样站得笔直，双手交叉叠在胸前，目光冷漠，没有一丝欢迎她的意思。

"这是拿破仑，他是全家最坏的孩子。"父亲这样将他介绍给继母。

继母看到他后，眼睛里却闪烁出光芒，她把手放在希尔的肩膀上，微笑着说："最坏的孩子？一点儿也不坏，我看他是全家最聪明的孩子，我想我们一定可以把他至诚的本性诱导出来。"

一番话把希尔心里说得热乎乎的，眼泪都要掉下来了。因为在此之前，从来没有一个人称赞过他。他的父亲、家人和邻居都认定他就是个坏男孩，但继母的赞赏改变了希尔，他一辈子都不会忘记继母将手搭在他肩上的那一刻。希尔回忆起继母的时候说："我所成就的一切都要归功于她。"

每个孩子内心深处都渴望被肯定、被欣赏，就好比植物需要浇水一样。这是人性，成年人和未成年人都一样。所以家长们不要吝惜你对孩子的欣赏。你的每一次肯定和赞赏，都是在给孩子创造改变人生的契机。

　　具体该怎么赞赏呢？我们来看一个具体的例子：

　　小胖说："爸爸，等我长大了，我要在海边给你买一栋别墅，让你住在里面，每天都能看到大海。"

　　爸爸说："你现在不要想那么多，好好学习就行了。只要你学习好，爸爸就很高兴了。"

　　看了上面这个例子，不知你作何感想。例子中的这位爸爸或许并没有想过自己的这句话是否会打击孩子的积极性、进取心，但是换位思考，不难发现，孩子听到之后心里该会是多么失望！

　　如今的家长们对孩子都寄予了太多的期望，总是想象着孩子能朝着自己期望的方向发展，总是绷着一根望子成龙的弦，丝毫不放松。孩子进步了，赶紧提醒他不要骄傲，总是担心一点儿小小的成绩会让他忘乎所以。岂不知孩子如此努力，内心里想要的只是一句欣赏和肯定。没有这句肯定的话，他们就没有动力；有了你的肯定，他们才有可能给你带来更多的惊喜。

　　假如爸爸在听到小胖那个美好的心愿之后，这样说："小胖，你真是爸爸的好儿子，爸爸等着你给我买别墅，爸爸相信你一定能够做到。"简单的一句话没有任何大道理，但对于年幼的孩子来说，完全是两种感受。

　　所以，从现在开始，把对孩子的赞美淋漓尽致地表达出来吧，别再吝惜对孩子的赞赏。

再小的进步也应该被奖赏

每个孩子都像是一块尚未雕琢的璞玉，都有成为人才的可能。将来这块"玉"是大放光彩，还是失去光芒，父母的教育会起关键的作用。

聪聪今年已经读小学六年级了，可他的字一直写得很潦草。为了帮助聪聪写好字，妈妈在征得聪聪的同意之后，给他报了一个书法兴趣班。刚开始的时候，聪聪还很有耐心，刻苦地学习和练习，可过了不久，他学习的兴趣慢慢减弱，在练习方面也远不如原来积极上心了。

一天，妈妈见聪聪正漫不经心地练习着，便不失时机地问道："儿子，最近感觉怎么样？学书法有用吧？"

"有什么用啊？用毛笔练字真累，我是越来越没有耐心了，而且，用毛笔写好了未必能用钢笔写好，我不想学了。"聪聪抱怨道。

妈妈听完，没有马上反对，而是拿过聪聪的练习本，仔细一看，说："很不错嘛，你的字明显比以前进步了。你最近的作业我也看了，字迹清晰，结构合理，比以前好很多了啊，你怎么说没用呢？"

聪聪听后，虽然有些怀疑，但心里十分高兴，一下子又找到了学习的动力，接着练了起来。

古人说，"十年树木，百年树人。"事实上，孩子的进步是呈阶段性的，是需要时间的，家长应该充分明白这一点，给孩子的成长以充足的时间，赏识孩子的每一个进步。只要孩子比原来有所进步，家长就要及时给予肯定和赞扬。这对孩子来说是一种很大的鼓舞，会让他们在进步的道路上不断前行。

但很多父母受到一些浮躁的教育理念的影响，常常对孩子要求过高且急于求成，因此很难看到孩子的细小进步，即便看到了也不屑一顾，甚至当孩子没有达到自己理想的标准时，就全盘否定孩子的进步，这是非常错误的做法。

家长们要记住一句秘诀，并且经常对孩子说："你每天都在进步。"这句话看似平淡无奇，但对于成长中的孩子来说，尤其对于看起来没什么进步的顽童来说，是一种巧妙且积极的鞭策。要知道，人心的感受是非常微妙的，别说是孩子，就是大人，也往往是受到什么样的评价，就会受其引导变成什么样的人。

每个孩子都是不断成长的，从不成熟到成熟，需要经历一个漫长的过程。在孩子们看来，自己前进路上的每一步都是不容易的，只要做好了，父母就应该高兴，就应该表扬自己。在家庭教育中，父母应该读懂孩子的这种心理，珍视孩子的进步，学会欣赏孩子，因为这不仅影响到孩子学习和做事的效果，还会影响到孩子对人对事的态度。

古人说，"不积跬步，无以至千里。"没有细小的量的累积，就没有质的变化。我们要相信，没有一个孩子生来就是一块顽石。只要父母留心孩子每一次细小的进步，并用一种赏识的眼光去看待孩子，及时鼓励孩子，他们就会有大放异彩的那一天。

第四章

多一些宽容，少一些斥责

　　处于青春期的孩子比较容易和父母起冲突，这是可以理解的正常现象。孩子在慢慢地成长，他们的自我意识也在进一步发展，并逐渐形成了自己的价值观，如果这种价值观与父母的价值观不同，就会遭到父母的反对。但是他们又不会按照父母的价值观来行事，也没有足够的技巧和智慧去化解、调和这种矛盾，于是就会和父母起冲突。其实，这种冲突完全可以少一些，只需父母多宽容、理解孩子，放下家长的权威，不要总觉得孩子不懂事。如果父母能够在反思自己的基础上与孩子建立朋友似的亲密关系，真正走进孩子的心里，那当然就更好了。

理解孩子的小脾气

当还是襁褓中的婴儿时，孩子只会用哭的方式来表达他的痛苦与需求。这时候的父母也知道，孩子还不会表达，要耐心寻找其哭的原因。俗话说"六月的天，娃娃的脸"，父母们觉得，这个阶段的孩子的脾气不可捉摸是理所当然的。其实，就算孩子再大一些，很多时候，他的脾气也不可捉摸。而且一旦小脾气得不到理解，孩子就开始和父母唱反调，这个时候家长就会疑惑：孩子为什么越大越不听话呢？

其实，孩子并不是越大越不听话，而是他们长大了，有了自我意识。当他们的想法或情绪被父母一口否决之后，自然会表现出不高兴，觉得父母不理解他，进而表现得很叛逆，想通过各种孩子式的抗议表达自己的诉求。因此，聪明的家长面对这一阶段的孩子，不要简单地要求孩子听话，而是要在尊重孩子的自我意识、尊重他们的情绪、理解他们的小脾气的基础上，更好地引导他们成长。举一个小例子：

一个小女孩对妈妈说："我不要去看医生，打针会痛。"

"我知道，你很怕打针吗？"

"嗯，我不想打针。"小女孩认真地说。

"妈妈知道打针会很痛，妈妈小的时候也这样认为，你不用怕，一会儿就不痛了。而且妈妈在旁边陪着你，好吗？"

在妈妈的耐心开导下，小女孩乖乖去看医生了。

和成人不同，孩子往往会很敏感，容易情绪失控，动辄哭闹。但是，反过来说，把一个哭闹的小孩子逗得破涕为笑也不是什么难事。因此，认识孩子的情绪特点，并加以利用，是促进亲子沟通的好方法。

当然，这话说起来容易，做起来却很复杂。比如很多父母在孩子告诉自己遇到了问题或困难的时候，往往迫不及待地扮演"救世英雄"的角色，指点孩子应该怎么解决。在父母们看来，这是理所应当的，要不然要爸爸妈妈何用？但是，让父母们不理解的是，有些时候，面对父母的好意指点，很多孩子不但不领情，反而会变得情绪失控，甚至大发脾气。

一天放学后，苗苗跑回家哭着说："妈妈，体育老师不让我进学校的体操队。"

"老师为什么不让你去呢？"

"她说我的协调性不好。呜呜……"苗苗看上去难过极了。

　　"老师怎么可以这样说？我现在就打电话问问她。"妈妈要为女儿解决这件事。

　　令妈妈吃惊的是，苗苗见妈妈掏出手机，非但不领情，还哭着对妈妈说："臭妈妈，我不理你了。"说完就跑进自己的房间。

　　苗苗的反应把妈妈吓了一跳。后来，在妈妈的引导下，苗苗说："我当时没想让你找老师，只是想跟你说一说，哭一场。"

　　看吧，这就是孩子的怪脾气，他们又哭又闹，看上去无比委屈，但是从内心里并没有想真正解决问题。相对于解决实质问题，他们更在意自己的感受与情绪，只是想博得爸爸妈妈的理解和同情，只是想得到安慰。所以，你会看到很多小孩子，不管受了多大的委屈，只要扑进妈妈的怀里，一会儿就安静下来了。年龄稍大些的孩子，还是需要情绪上的抚慰与心理上的安慰。因此，在不了解孩子情绪的状况下，父母给出的任何帮助可能都不是孩子想要的。他们需要的可能就是父母一个认可的眼神、一个关爱的动作，只要做到这些，孩子可能会马上从坏的情绪中摆脱出来。

　　了解了这一点，父母在与孩子沟通的时候就应该多聆听、多抚慰，少提建议。父母面对发脾气的孩子，先明确他们是希望父母帮忙解决问题，还是只想发泄一番，如此一来就能够有的放矢，减少不必要的冲突了。

别太介意孩子顶嘴

有一次，一位年轻的妈妈在闲聊时对我抱怨说："最近我女儿特别爱顶嘴。比如，在从学校回家的路上，我们到一个公园去玩了一会儿。之后我说'咱们回家吧'，她不干，还反问我：'为什么我非要听你的，而你就不能听我的？'再比如，她特别喜欢小动物，总想养一只小狗，我不让，说小狗身上有细菌。但是她说：'你说得不对！电视里说过，小朋友和小动物多接触可以提高抵抗力。'每次遇到这种情况我都会很着急，但又不知道怎么对待她。"

其实这是家长们的普遍感受，有不少家长都有过类似的抱怨。随着孩子一天天长大，父母们渐渐觉得孩子不如从前听话了，并且变得难管了，动不动就与家长顶嘴，家长说东，他偏说西，这令家长十分恼火和为难，同时也确实不知道该拿这样的孩子怎么办。

对此，家长们也没必要过于烦恼，只要找到孩子顶嘴的原因，一切都是很容易解决的。一般而言，孩子顶嘴都是有原因的。归结起来，主要是因为随着年龄的增长，孩子进入了青少年时期，具备了一定的独立思考能力，不再愿意别人把他们当作小孩子来看待，也不愿意处于被照顾的从属地位，更不愿意处在被命令指派的地位。所以，家长们没有必要为孩子的顶嘴而生气恼火，不妨为此感到高兴，因为孩子开始顶嘴意味着他们有自己的想法，有独立思考的能力，越来越成熟了，这不正是家长期盼的吗?

　　父母不愿意接受孩子顶嘴这个现实,大多是由于受千百年来传统观念的影响,觉得小孩子见识少、阅历浅、不成熟,"子不教,父之过",于是就形成了"父母说话小孩子听"的思维定式。也有不少父母要孩子对他们"言听计从",否则就有失他们作为父母的威信和尊严。

　　开明的家长懂得尊重孩子的独立性,允许他们的孩子有不同的观点;面对顶嘴的孩子,也能保持风度、保持冷静,不发火动怒,以免加剧双方的抵触情绪。我们要善于倾听孩子的意见,耐心让孩子把心中的想法讲出来,然后分析一下孩子说得是否有道理,使其变顶嘴为讨论、探讨。

心理学家安得利卡·法斯通过多年的实验证实，两代人之间的争辩，对于下一代来说，是其走向成人之路的重要一步。能够同父母进行真正意义上争辩的孩子，成年后会比较自信，有创造力，也比较合群，而不是父母们所认定的："你这样，将来到社会上怎么办？"

仔细留意一下，你还会发现，孩子在争辩的时候，往往是他们最得意的时候。这至少有两个好处：一是这是孩子最来劲、最高兴、最认真的状态，对他们的大脑发育有一定的好处；二是这样可以营造家庭的民主气氛，增强孩子各方面的能力，对孩子将来的发展大有裨益。

反过来说，如果一个孩子从不与人争辩，总是"与世无争"，那么他的勇气、智商、口才、进取心、自信心等就只能原地踏步了。从某种意义上说，争辩还是孩子的一门必修课，而这门课最好在家里进行。在争辩的过程中，父母要有热心和耐心，让孩子在争辩中不断思考和成长，而不是让一句简单的"顶嘴"就毁掉对孩子综合素质的培养。

错的不一定就是孩子

嘉宜和妈妈是一对"欢喜冤家"，好起来不得了，坏起来了不得。从初二那年开始，两人开始隔三岔五地争吵，到现在愈演愈烈。正赶上妈妈刚刚退休，听说高中女生容易早恋，妈妈就格外关注嘉宜和男同学的来往。可嘉宜是学校的文艺骨干，总有不少男生打电话或发信息找嘉宜，嘉宜怕妈妈知道后又跟她吵架，便什么都不跟妈妈说。妈妈便更加焦虑，只好以偷听女儿电话的方式监督她。

一天放学后，家人吃着饭，嘉宜无意中讲起了学校里的事。她说某个男生球打得好，人长得帅，唱歌比明星还好听，还说好多女生都被他迷住了。妈妈不听则已，一听火冒三丈，当下放下碗筷，指责女儿"不好好学习，受男生干扰，想入非非。"

　　针对妈妈的批评，嘉宜也不示弱，马上怼了回去："我们班确实有女生对那个男孩有好感，有的甚至给他写情书，可我对他没感觉，你用得着翻脸吗？"

　　妈妈紧跟着就是一句："那你对谁有感觉？你对谁有感觉都不对！"

　　嘉宜说："我对你有感觉，也不对吗？"

　　"啪！"吵着吵着，妈妈怒不可遏，打了嘉宜一巴掌。嘉宜愣了一下，哭着跑了出去。从这以后，母女俩几天没说一句话。

我们发现，在上面的故事中，女儿和妈妈闹别扭，并不是女儿的错。女儿只是在客观陈述事实，但是妈妈想多了，并且不懂得点到为止，不仅动口斥责，还动手打孩子，结果使误会加深、矛盾激化，无法收场。

其实，造成母女矛盾的罪魁祸首是妈妈的担心和疑虑，更深层次的原因则是基于担心和疑虑产生的成见。在现实生活中，但凡孩子和父母争吵，父母就会下意识地认为一定是孩子的错。这一方面是因为父母总是不自觉地把自己摆在了比较权威、不能触犯的位置上；另一方面，则是由于父母总觉得自己的严加管教是为孩子好。在这种双重"有理"的心理作用下，大多数父母都会觉得一定是孩子错了，而自己根本不会错，孩子只须执行即可。

理性地说，处于青春期的孩子比较容易和父母起冲突，这是可以理解的正常现象。孩子在慢慢地成长，他们的自我意识也在进一步发展，并逐渐形成了自己的价值观，如果这种价值观与父母的价值观不同，就比较容易与父母产生冲突。但是他们又不会完全按照父母的价值观来行事，也没有足够的技巧和智慧去化解、调和这种矛盾，于是就会和父母起冲突。其实，这种冲突完全可以少一些，只需父母多宽容、理解孩子，放下家长的权威，不要总觉得孩子不懂事。如果父母能够在反思自己的基础上，与孩子建立一种朋友似的亲密关系，真正走进孩子的心里，当然更好。

有一天，小潮的妈妈在给小潮整理房间时，发现了小潮藏在床头下的一封信。原来，这是他写给班上一名女同学的情书。小潮的妈妈看了以后很生气，准备等孩子回来好好教训他一番。

下午放学后，小潮一回到家，就发现妈妈阴沉着脸。他回到房间后，马上发现了原因——他写的那封情书不见了。

"妈，你是不是乱翻我的东西了？"小潮大声地问道。

"是的。"

"你怎么能这样呢？"

"我要是不翻你的东西我能知道这些事情吗？我还不是为了你好？再说，我也不是故意去翻的。"小潮的妈妈辩解道。没等她教训小潮，小潮反倒生气地转身回了自己的房间，"砰"地关上了门。

短暂的沉默后，小潮的妈妈开始反思自己，她觉得自己翻看孩子的东西毕竟不对，于是决定先向他道歉，再说其他问题。

妈妈敲开了小潮的屋门："我觉得我翻看你的东西是我的不对。"妈妈说出这句话后，小潮很吃惊，他想了想，说："我觉得现在的我写情书也不对。"妈妈听后笑了。"其实我也没想着要早恋，不然我写了为什么不给她呢？"小潮自顾自地解释道。

这件事以后，妈妈每次在跟小潮有不同意见时，都会去反思自己是不是也有错。小潮也很愿意将自己在学校发生的一些事情跟妈妈说，觉得这个"朋友"其实还不错。

其实，父母反思的过程，就是站在孩子的角度上看问题的过程。会反思的父母之所以会受到孩子的喜欢，就是因为他们可以用一种平等的态度，站在孩子的角度上思考问题。人都会犯错，父母教育孩子的过程，其实也是一个自我完善的过程。

正确看待孩子撒谎

一个母亲讲过这样一个故事：

一个月前，女儿小丽去同学小刚家玩，回来时把小刚的小卡片拿回家来了。我发现后鼓励女儿还给同学，并要求她向人家道歉，还告诉她别人的东西再好也不可以拿，如果喜欢，可以请爸爸妈妈去买，也可以自己买，等等。小丽当时态度很好，都接受了。

我以为事情就这样结束了，没想到后来跟女儿的另一个同学小兰的

妈妈通电话时，她告诉我说小丽还卡片时撒了谎，她说卡片并不是自己拿的，而是小兰拿的，她只是帮小兰还回来。

我听了以后很惊讶，真不敢相信小小的女儿变得这么不诚实，竟然可以用一个谎言掩盖自己的错误。我难过、生气、慌乱，许多感觉交织在一起。

晚上回家后，我问女儿那天是怎么跟同学说的，她似乎意识到了自己的谎言露了馅，有点儿不安，但并没有当场说出真话，只说自己忘了。

我也实在没有耐心再听她继续撒谎了，就开始大声地训斥她，并且要求她第二天分别向两个好朋友道歉。可是女儿哭着跑开了。

第二天早上，火气消了以后，我问女儿为什么要说谎，她说因为怕同学笑话她，所以才那么说。

看来，我要求她还回卡片并当面向小刚道歉对她来说是很难堪、难以做到的事情。

仔细想想，父母生气并非没有理由：辛辛苦苦养大的孩子怎么转眼间就变成了一个"说谎精"，平日里品德教育的作用都去哪里了？可是，生气归生气，生气之后就应该立刻冷静下来，找找孩子说谎的原因。

需要注意的是，不少父母总觉得撒谎是一个不可饶恕的错误，撒谎的孩子一定是品行出了问题。其实，仔细分析孩子说谎的原因，就知道这种说法有些小题大做了。孩子撒谎并非都与"品德不端"有关。许多时候，孩子撒谎的最初原因可能在家长身上，也可能是无意中模仿大人的不实之词，或出于自我保护的本能，或为了迎合家长的过高期望，满足家长的某种虚荣心。

另外，据成长心理学者统计，孩子从 3 岁开始就有撒谎的倾向，到小学二三年级时这种现象会更加严重，因此不少父母会经常忧虑孩子撒谎，害怕孩子会养成这种习惯。其实，大可不必担心。为什么？因为心理学研究已证明，会撒谎的孩子比不会撒慌的孩子更具创造力。所谓撒谎，即一种说出假想经历的能力，是一种能把语言和行为分开的能力，与"无中生有"的创造力有密不可分的关系。孩子只要不是谎话连篇，或有意说谎，父母应该适当保护并正确转化这种创造力。

第五章

营造良好的沟通氛围

　　无论是什么人，受到激励而改过，是很容易发生的事情；受到责骂而改过，则是比较不容易发生的。小孩子更喜欢听好话，不喜欢听恶言。但在生活当中，不经意间就会发现父母和孩子的对话充满了命令与强制。很多父母一不小心，就忽略了孩子是独立个体，有独立的人格和鲜明的个性心理特征，也愿意做自己生活的主人。俗语云：牛不喝水，不能强按头。牛若喝水，又何须强按头？最好的父母一定是擅长沟通的父母，而良好的沟通氛围能让亲子间的沟通事半功倍。

物质弥补不了情感饥饿

一项"家庭教育大调查"显示，亲子共处时，妈妈与孩子最常从事的活动是一起看电视，这大约占到调查人数总数的 35%；其次就是妈妈辅导孩子学习，这大约占到 25%；剩下的则是其他事情，如玩游戏等。而妈妈每天和孩子说话的时间仅有半小时左右，而且内容多是"教导性"的。

在这种情况下，家庭教育出现了"想要"和"需要"之间的落差，家长希望的是孩子功课棒、才艺佳、听话又乖巧。所以，家长花时间与精力最多的，还是处理"课业与升学的压力""孩子学习的状况"等问题。然而，孩子最希望与家长分享的是"心情和情绪"，他们的心愿是家长能多和自己说说话，而不是总问"你今天的功课完成得怎么样""今天你学会什么了"，等等。

当今社会，人人都顶着压力前进，作为上班族的家长们常常跟时间赛跑，但无论如何，都要挤出时间陪陪孩子，和孩子聊聊天，分享他们的心事。即使陪伴孩子的时间很短，但只要注重质量，仍然能让孩子感受到父母对他的关心，从而建立起良好的亲子关系。

下面这个有心的妈妈就想出了一个聪明的方法：

从去年"六一"开始，我把抽出时间与女儿交流列为每天必做的事。

每天中午，我都会用电话与女儿联络，问女儿学习有什么困难、老师对她有什么要求、需要妈妈给什么帮助等。刚开始，女儿吞吞吐吐，不太爱讲，但经不住我的启发和开导，她便把她在学校里遇到的困难、与同学的交往情况，甚至有哪个同学欺负她等，都讲给我听。我帮她分析原因，指点做法，引导她正确处理，使她感到每次与妈妈"煲电话粥"都很愉快，都充满喜悦和信心。

慢慢地，每天中午，我不打电话去找她，她就会主动给我打电话，向我汇报学习上的困难，讲述生活中的趣事、思想上的困惑。她还调皮地称中午时间是"妈妈时间"，是"热线时间"。

还有一位母亲，她从孩子很小时就特别注意和孩子的情感交流。每天在孩子上床睡觉时都要问问他："今天过得开心吗？"孩子长大后，就养成了在睡前和妈妈沟通的习惯，有什么不顺心的事就毫无保留地告诉妈妈。有了这样的感情基础，孩子就容易接受妈妈的建议和忠告，容易跟妈妈建立起朋友般的关系。

如果缺少家长的陪伴与沟通，孩子就容易出现"情感饥饿"。处于"情感饥饿"中的孩子特别喜欢撒娇，并且任性，偶尔还会做出一些古怪的行为，以引起家长对他的注意，或者产生极端的自闭内向，郁郁寡欢。

家长们往往是在孩子出现这些情况以后才发现自己的失职，后悔不已，但是已经来不及了，因为弥补受到伤害的亲子关系，赶走孩子的"情感饥饿"，要花很长的时间，也许永远也不能恢复如初。因此，我们要从孩子小的时候起就注重与孩子的交流，这是一个温暖家庭必不可少的活动。

试着做孩子的知心朋友

中国有句俗话："孩子再大也是孩子"，它不是一句简单的空话。如果想改善亲子关系，父母就应该主动理解孩子、相信孩子，做孩子的知心朋友。如果将自己放在了高高在上的位置，那么和孩子的交流很容易让孩子产生距离感甚至是逆反心理，这都不利于家庭教育。那么，怎么样才能做到与孩子进行平等的对话呢？

首先，要意识到孩子是一个独立的个体，不是父母的附属品，这是与孩子进行平等对话的前提。许多父母习惯于把孩子看作自己的附属品，甚至是自己的私有物，在他们的潜意识里都有这种想法，即孩子是自己的骨肉，自己辛苦把孩子养育大，就可以把孩子当成自己的私有财产，自己当然也有权利安排孩子的人生。

其次，父母在与孩子的交流过程中，要认真地去考虑孩子的想法，不要总觉得他只是个孩子，什么都不懂。这也是家长最容易犯的一个错误。

凡凡是一名小学三年级的学生，她很喜欢跳舞，可是她的妈妈总觉得跳舞太耽误学习，不让她去。

有一天，凡凡想了很久，决定跟妈妈达成一个约定，那就是，如果她努力学习，成绩一直能保持在班级前五名，妈妈就得答应她去学跳舞。晚上，等妈妈下班后，凡凡很高兴地走进了妈妈的房间。

"妈妈，我想跟你签个合同。"

"小孩子家的，知道什么是合同吗？好了，别闹了，去看书吧。"

"可是，妈妈……"

"好了，哪里来的这莫名其妙的想法。学习去吧！"

凡凡沮丧地离开了妈妈的房间。

就这样，凡凡的妈妈不仅失去了一次与孩子交流的机会，也失去了一个愿意主动交流的女儿。此后，当妈妈意识到问题的严重性时，再去补救，也没能收到期待的效果。

最后，也是最重要的一点，那就是要放下家长的权威，允许孩子自由地表达自己的想法，尤其是在关于孩子的未来发展这样的事情上。父母爱孩子，总是替孩子考虑和安排，却很少去考虑孩子的想法和感受，只要父母觉得好，孩子就必须接受。但是，这对孩子非常不公平，也影响亲子关系，很多青春期的孩子和父母的矛盾冲突激化正源于此。

其实，这种矛盾并不难化解，那就是和孩子展开平等的对话，先耐心听听孩子的想法，考虑一下孩子的感受，再伺机往下进行。且看下面的例子：

依依又和妈妈吵架了，妈妈和依依都记不清楚，这是从依依上初中以来母女之间第几次"战争"了。

好在这一次，依依和妈妈吵完架后，虽说也很生气，但没有像前几次一样持续冷战，而是回到自己的房间中迅速写了一封信，然后递给了还在沙发上生气的妈妈。

信是这么写的——

妈妈：

请原谅我这会儿不想再称呼你为"亲爱的妈妈"，这是因为我也很生气。我们总是吵架，没完没了，用爸爸的话说是"三天一小吵，五天一大吵"。我对于我们之间的吵架也很厌烦。

我知道你是爱我的，做很多决定也是为我好。可是，我还是受不了你总是自作主张地替我决定未来。

我觉得自己已经不是一个小孩子了，我有权决定自己的一些事情。就比如今天这件事情，我不想整个暑假都学习，我想出去旅游，而且爸爸都已经同意了，可为什么你又给我报了一个补习班呢？

妈妈，我希望你不要生气，不过我还是要说一下我的这个要求：请你考虑一下我的感受，尊重一下我的决定。

最后，谢谢妈妈！

你的女儿：依依

依依的妈妈看完信，陷入了沉思：我经常和孩子吵架，也许真的是我错了，我好像很少用一颗平等的心来跟她谈事情。

只有在平等的时候，爱才会给人最温暖的感动。不平等的爱，带给人更多的是压抑。恋人之间是这样，父母对孩子的爱也是这样，只有平等地对待孩子，和孩子交流，做孩子的知心朋友，孩子才会更多地感受到父母温暖的爱。

温和的态度更容易让孩子接受

著名教育家陈鹤琴在《家庭教育》一书中举过这样一个例子。一次，他看到自己的儿子拿着一块破旧的棉絮裹着身体当成毡毯玩。陈鹤琴思考了一下，对孩子说："这旧棉絮是很脏的，是有气味的，我想你一定不会喜欢，你可以去向妈妈要一块干净的布，好吗？"他的儿子听了之后，就高高兴兴地去找干净的布了。如果是你，你会怎么做呢？

无论是什么人，受到激励而改过，是很容易的事情；受到责骂而改过，则是比较不容易的。小孩子更喜欢听好话，不喜欢听恶言。但在生活当中，不经意间就会发现父母和孩子的对话充满了命令与强制，比如：

"去，给我回家写作业去！"

"不准说话，赶紧吃饭！"

"今天必须去辅导班听课！"

……

很多父母一不小心，就忽略了孩子是独立个体，也有独立的人格和鲜明的个性心理特征，也愿意做自己生活的主人，而不是一直被父母命令，被动地接受安排。命令的方式应慎用，尤其不能滥用。

举个现实生活中的小例子：

小宇今年 5 岁了。这天，他正在跟隔壁的小同在小区的花园里捉蝴蝶。突然，妈妈急急忙忙拉着他往小区外面走。原来，妈妈有急事要出差，准备把小宇送到姥姥那里，爸爸已经在小区外面等着他们了。

　　然而，小宇的妈妈并没有对孩子说明原因，她想，小孩子只跟着父母走就行，小宇却说："我要捉蝴蝶。"

　　"捉什么蝴蝶？妈妈有急事，快！"妈妈边说边拉着小宇往外走。

　　结果小宇就是不走，妈妈使劲拽了他两下，小宇不知所措，大哭了起来。妈妈着急了，就打了小宇一巴掌。小宇更委屈了，大声地哭闹，吸引了很多人的目光。

　　这时候，小宇的爸爸走了过来，一边走还一边问："怎么这么慢？"

　　"这孩子太不懂事了，死活要捉蝴蝶。"小宇的妈妈说。

"小宇，爸爸跟妈妈今天有急事，要把你送到姥姥家，等从姥姥家回来，我们再和小同捉蝴蝶，好不好？"爸爸蹲下来，对坐在地上哭泣的小宇说。

小宇抹了抹眼泪，点点头。爸爸抱起他往外走，妈妈向爸爸伸出了大拇指。

除了上面的情形，生活中还有一些情况需要父母们注意，比如当孩子用手抓饭吃，妈妈打了孩子的手，孩子哭了，正哭得喘不过气来时，爸爸如果命令孩子"不要哭，闭上嘴"，孩子又不是能受胯下之辱的韩信，怎么能憋得住这口气？先理解，才能化解，家长中只要有一个稍微懂点儿童心理学，就不会出现一地鸡毛的场面。

成人喜欢命令，也习惯于接受命令，但对于孩子来说，那些产生摧残心灵、摧残健康等副作用的命令，是孩子不能执行、听从不了的，也不应该接受的。

其实，有一种比命令更好的方式，那就是沟通。

父母们可以用心体验一下，自己在命令孩子的时候，说话的态度是不是简单而生硬的？而在和孩子沟通时，虽然事情还是同一件事情，但说话的语气已不由自主地平和了下来，效果是不是要好很多。总之，温和的态度更容易让孩子接受，而粗暴的态度往往会遭到孩子的反抗。这是因为，孩子在接受命令时是被动的，而在沟通时孩子是主动的。比起被动的指派，主动的接受就会让他们多了一种愉悦的心情，这也是孩子为什么讨厌父母直接命令的原因。

与孩子分享他的喜怒哀乐

我们都喜欢跟自己的朋友交谈，因为在我们悲伤时，朋友会给我们鼓励；在我们生气时，朋友会给我们安抚；在我们愤怒时，朋友会让我们平息；在我们快乐时，朋友也可以和我们一起分享喜悦。总之，我们的一切情绪都会得到朋友的积极回应。

"回应"，这是人际交往的关键词。孩子对父母也有这样的渴望，他们也很希望自己的言行得到父母的积极回应，希望可以与父母分享自己的喜怒哀乐。

受一位叔叔的影响，有个男孩刚上初中，就成了一位超级足球迷。虽然他的学业比较繁重，可是每次有足球比赛，他都要"力排众议"，彻夜不眠地观看。

他也很愿意给母亲讲关于足球的事情，可是每次对母亲说起足球轶事，母亲都没有一点儿兴趣听，偶尔还会在儿子半夜看球时呵斥他。慢慢地，儿子就再也不跟母亲聊足球的事情了，这让母亲心里有些不好受。

于是母亲给儿子写了一封信，内容如下：

> 儿子，你是一个铁杆球迷，为了看球，甚至可以不吃饭、不睡觉。说实话，我原本无法理解，对于我来说，足球只是一堆人争夺一个球的无聊游戏。你常常深更半夜悄悄起来看足球

转播。虽然为了不吵醒我们，你总是把音量调到最低，但是，你那压抑的激动声响和偶尔克制不住而发出的大声喝彩，还是会惊醒我，那时，总免不了给你一顿教训。

可有一天，我突然想到：能够让你如此如痴如醉的足球，到底为何能吸引你呢？我怎样才能够体会你在看足球时的快乐呢？有机会我一定要尝试一下。

对此，儿子在几天以后的日记中回应道：

奇迹果然出现了！不但是塞内加尔的奇迹，也是我妈妈的奇迹——她竟然开始想了解足球了，还看报纸的介绍、评论，又抽时间来看球赛，甚至还想了解足球明星。当我们同时情不自禁地站起来给中国队加油的时候，我第一次感到我们的心灵如此相通。我心里只想说：能跟妈妈分享我的快乐，我真高兴！

我们都希望有人分享自己的欢乐与悲伤，孩子也是如此。我们都希望在讲述自己的喜怒哀乐时，能得到他人积极而正面的回应，孩子更是如此。可是，有多少父母在孩子向他们诉说自己的喜怒哀乐时，能做到饶有趣味地倾听呢？很多父母，在孩子滔滔不绝地讲述着令自己高兴的事情时，都不回应一声。这还算好的，更有甚者，直接打断孩子的话，让孩子不知所措、兴味索然。

久而久之，孩子肯定不愿意再和父母分享自己的生活。因为这种打断和敷衍会给孩子一种感觉，那就是：父母是不关心自己的，要不然他们为什么不感兴趣？所以，在听孩子讲话时，父母一定要认真积极地回应。

父母的回应，一方面可以让孩子感受到父母对自己的关心和爱护，从而愿意与父母分享更多的自己成长中的故事，这有助于父母了解孩子；另一方面，也是对孩子的一种鼓励，使孩子更加从容地把自己内心的想法表达出来，这对于孩子表达能力和交流能力的提高都是有益处的。

有些家长为了维护其尊严和权威，往往对孩子实行命令主义，总要摆架子，对孩子过多地批评、指责，而极少鼓励、赞扬。这种家庭教育方式让孩子怎么愿意开口讲心里话呢！有些父母因孩子动作慢，索性代劳，当孩子想表达自己的意见时，父母却抢着替他发言。这种不耐心倾听的结果，会干扰孩子创造性的思考过程，使他变得沉默、依赖，凡事站在一边，遇事站在父母背后。

正确面对孩子的负面情绪

孩子和成人一样，也有他们自己的烦恼。他们也会郁郁寡欢、怒不可遏、无理取闹……这些情况都很正常。家长首先应该接受孩子的负面情绪，随时关注孩子的情绪变化，并在此基础上积极加以引导。

在面对孩子的负面情绪时，家长自己保持良好的情绪是关键。在很多时候，虽然我们深爱着自己的孩子，但是在生气的时候也会表现出否定、责备的态度，这会让孩子忽略我们的目的，而更加关注我们的情绪。亲子双方都变得情绪化，孩子大声嚎哭，父母怒不可遏，这是谁都不想看到的场景。

有一位教育家曾经说过："最好的父母一定是懂得孩子心事的父母，是在孩子最需要的时候给孩子关怀的父母。"其实，每对父母都想做优秀的父母，希望可以懂孩子内心的想法，能在关键时刻给孩子提供帮助。然而，有时这确实是一件很难的事情。

一天，小江闷闷不乐地回到家，丢下书包，半天什么话也没说。妈妈一看就知道，这小子有心事了。

"儿子，怎么了？有什么事情跟妈说说？"小江的妈妈温和地问道。

"有点儿烦！"小江的语气中充满了怒火。

"说说吧，看妈妈能不能帮你。"小江妈妈继续温和地说。

"你不知道，今天去上学的时候，正好遇到我们班的一个女同学，当时她拎的包很沉，所以我就帮她拿了，我们俩一起走到了教室门口。没想到同学们见了都起哄，连老师也误会我们俩了。唉！"

"原来是这样啊！被人误会了，心里肯定不好受，但你帮同学拿东西是做好事，大家取笑一下也没什么恶意，老师以后也会明白真相。"

"嗯。"听了妈妈的话，小江的心情才慢慢变好了。

　　孩子在成长的过程中，会遭遇到各种各样的问题，有时候他们会选择主动求助，有时候也会把不快藏在心里。这时候，就需要父母及时关注孩子情绪的变化，从细微的地方去感知孩子是不是遭遇到困难，从而帮助孩子解决困难。

最近，在回家的路上，小虎总是被高年级的同学欺负，他们还恐吓小虎，如果敢告诉家长和老师，就让小虎好看。这让小虎心里很害怕，即使回到家里，也是一副担惊受怕的样子。

他很想跟爸爸说说这件事，可是想到同学的恐吓，就不敢张嘴了。爸爸隐隐地感觉到儿子似乎有什么话想要对自己说，于是问了一句："虎子，你有话要跟爸爸说吗？"

"没……没有。"小虎欲言又止，结结巴巴地回答道。

"哦，没有就去写作业吧！"

就这样，小虎的爸爸虽然感觉儿子有些异样，但没能进一步"侦察"，结果失去了一次帮助小虎的机会。最后，悲剧发生了。有一天，小虎实在忍受不了那些同学的欺负，开始反抗，用一把小刀划伤了其中一个同学的胳膊，那个同学住了一个星期的院才恢复健康。

试想一下，如果小虎的爸爸能够进一步了解孩子情绪变化的深层次原因，并细心地引导孩子，悲剧恐怕就不会发生了。这样做，不仅能及时帮助孩子以正确的方式解决问题，更能给孩子力量和支持，让孩子更有勇气战胜困难，并同父母更亲近。

孩子的成长需要家长的关怀，家长要学会做一个有心人、细心人，多抽些时间陪陪孩子，多注意孩子情绪的变化，才能成为孩子的"知心朋友"，孩子才愿意把心里话告诉父母。

第六章

让孩子信任并接纳我们

　　实际上，只要不是非常过分，孩子对父母有所疏离是一种正常现象。但我们要知道，父母与孩子交流受阻的关键原因并不是青春期造成的心理变化，而是父母和孩子之间缺乏共同语言。再加上有些父母常年忙于工作，不重视与孩子的交流，好不容易有了和孩子沟通的机会，又往往将侧重点放在孩子的学习成绩上，对孩子真正感兴趣的事情置之不理。这种价值观的不同，才是导致父母与孩子之间产生隔阂的罪魁祸首。

教育的过程少不了陪伴

世界卫生组织公布的一项研究数据表明，平均每天能与父母共处两个小时的孩子，其智商要比那些没有和父母相处的孩子高。那些长时间没有父母陪伴的孩子，在成长过程中容易产生"情感饥饿"，从而刁蛮任性，或者多疑胆怯。因此，不少教育专家都建议，父母不管多忙都要抽空陪陪孩子，以满足孩子的情感需求，让孩子健康快乐的成长。

生活中经常会出现如下的场景：

鹏鹏的爸爸是一家建筑公司的经理，经常要去工地，早出晚归，有时候周末还要去外地出差。鹏鹏几乎很少和爸爸交流，鹏鹏很希望像别的小朋友那样和爸爸玩玩游戏。

这天，爸爸终于有时间休息了，鹏鹏特别高兴。

"好，爸爸就满足一下你小小的心愿。那我给你读一下新买的那本故事书吧！"

"哦，爸爸真棒。走，我们去客厅吧！"说完，鹏鹏就拉着爸爸往客厅走。

父子俩来到客厅，爸爸刚把书翻开准备给鹏鹏讲故事，手机就响起来。

"儿子，坐在这里等等爸爸啊，我接个电话，马上就回来。"爸爸

说完就去和客户聊天了，把鹏鹏晾在一边。

打了一通电话之后，爸爸回来找鹏鹏，刚要重新开始读书，没想到微信语音又响了。

"鹏鹏乖啊，爸爸再耽误一下。"爸爸说着又走开了。

鹏鹏心里很难过，觉得爸爸这么不重视自己，"算了，我还是一个人玩吧！"他拿着故事书，闷闷不乐地回到了自己的房间。

这样的片段，在很多家庭中都出现过，父母们往往觉得这没什么，小孩子嘛，事后哄哄就好了。哄哄，不就是专家所谓的情感需要吗？可是站在孩子的立场来看，事后补救的效果如何姑且不说，这起码是对孩子的不尊重，会让孩子产生失望。

此外，还有一种情况，很多家长由于工作确实很忙，实在抽不出时间来和孩子交流，自己内心也是充满愧疚，于是就用物质来弥补孩子，希望以此减少自己对孩子的愧疚感。

但是，这样的效果真的好吗？答案显然是否定的。相对来说，成人世界或许更需要物质多一些，而在孩子的世界里情感才是第一位的。没有父母的陪伴，再多的物质也是难以弥补的。

再看下面的例子：

华清的爸爸工作很忙，可以说是以岗为家，早出晚归，华清很少能看到爸爸。因为每天早上他还没有起床，爸爸就上班去了；晚上他已经上床睡觉了，爸爸可能加班还没有回来。

华清的爸爸觉得很愧疚，也不知道用什么样的方法来补偿孩子，他所能想到的，就是用物质来弥补孩子。

于是，每当爸爸出差回家，就会召唤华清："华清，快来看爸爸给你带什么好东西了！"

华清立即从自己的房间跑出来，接过爸爸手中的礼物，说声"谢谢爸爸"，然后又跑回自己的房间玩去了。

几乎每次出差，爸爸都不忘给华清带礼物。华清好像也摸清了爸爸的行动规律，每当爸爸出差回家的时候，华清就会主动地跑出来，但眼睛不是看向爸爸，而是盯着爸爸手中的礼物，接过礼物就自己玩耍去了。

有那么几次以后，华清的爸爸有点郁闷，但转念一想，孩子嘛，就是贪玩，也就不以为意了。

但有一次，爸爸出差回家时很匆忙，忘了带礼物给华清。华清也像往常一样高兴地从自己的房间里跑出来迎接爸爸，然后失望地说："咦，你怎么这样就回来了？没有给我带礼物吗？"听到孩子这样冷冰冰的问话，华清的爸爸无言以对。

不难看出，就连华清的爸爸这样的成年人，也是有各种情感需求的，孩子的态度稍有变化，他们也会敏锐地感觉到。然而，孩子最需要的并不是好的礼品，而是父母的关怀、陪伴和交流。很多父母在孩子小的时候没有时间陪孩子，等到孩子长大之后，他们痛苦地发现，孩子已经不愿意和他们沟通了。

另外，正如我们在例子中看到的，如果总是单纯地靠物质和孩子进行沟通，那会让孩子把沟通看得很功利。

父母们应该静下心来想想，自己努力地在外打拼，为的就是让孩子生活得更好，可是在教育孩子的问题上，总是出现重大的失误，是不是有点儿得不偿失呢？因此，不管你有多忙，只要你有孩子，就想办法多陪陪他们吧！

理解是建立默契的开始

很多人都听说过"代沟"一词，很多家长也习惯性地用它来解释育儿过程中的亲子隔阂。其实，关于代沟是否存在这个问题，学术界一直有着激烈的争论。退一步讲，就算有，它也不是什么难以逾越的鸿沟。

在有耐心、有办法的家长面前，父母和孩子之间没有什么是无法沟通的，每一个父母也都是从孩子阶段一点点长成大人的，应该能理解孩子的心理需求，怎么会无法沟通呢？

一位心理学家曾经在书中讲过这样一个真实的故事：

一个孩子灰溜溜地出现在我面前，不用猜，肯定是闯祸了。果然，他因为喜欢打邻居家的猫，被警告了好几次，但他还是不听。

"是因为有什么心事吗？其实，我能理解你。我年轻的时候也做过一些不好的事情呢！"时光回到了我的少年时代。

　　"在我读初中的时候，父亲做生意亏了很多钱。在长达三四年的时间里，总有来路不明的自行车停在我家院子里，各色人等等着要账。有一年，快过年的时候，还有两三个收账的人就是不走，我当时心里特别难受，也很埋怨父亲。后来，我形成了一个习惯，就是但凡看到陌生的自行车停在我家院子里，就会想办法拔了人家自行车的气门芯，让它鼓着进来，瘪着出去。这件事渐渐被爸爸发现了，我挨了一顿打。其实，我当时也明白自己这样做是不会让家里少还一分钱的，要账的走着也能来，我总不能在地上铺钉子扎人家的脚吧？但我心中的委屈和痛苦需要发泄，所以我一如既往地拔气门芯，直到上家里要账的人越来越少。一度，我甚至以为真的是自己的办法奏效了。

　　"这是我小时候的功绩之一，还有很多呢！唉，小时候自己做了错事还不觉得错呢！"

　　……

　　"我打那只猫，是因为它什么都不干就可以吃东西，我却要好好念书、写作业才能吃饭，这不公平！"他终于开口了。

　　"嗯，是不公平，不过你打猫也不起作用啊！"一个拧在孩子心中的结，慢慢打开了。

　　人在年幼的时候，对周围的事情都非常敏感，并且感受还很细致。但是成年之后，大部分人会忽略那些细微而丰富的东西，并且忘记了自己曾经年轻过，只觉得读不懂现在的孩子，无法理解孩子。其实，这些父母在小的时候也有和自己孩子一样的心路历程，只是他们忘记了而已。

　　20世纪70年代流行中山装，左胸口插一支钢笔更时髦；80年代流行喇叭裤、波浪发，扛着录音机上街更拉风；90年代流行染发，挑染几缕头发最有回头率；现在流行直播、自拍，在社交平台上说什么都能得到众人的回应……时代一直在变化，而人的成长轨迹还是一样的——渴望表达、渴望被重视、渴望成功，发生变化的不过是抒发这些情绪的方式罢了。

什么时代都有不顺应时代潮流的人。如果说以前相差一二十岁才会有代沟的话，那么在快节奏的今天，相差几岁人之间就会有"沟"，甚至"三岁一代沟"。孩子们肯定会受影响，家长们必然需要时不时地反思一下，想想自己小的时候是什么样子，是否也经历过类似的问题，那时候的自己最希望父母怎样做……这样就知道现在身为父母的自己该怎么做了。

家长可以多回顾自己的童年及少年时代，这样就可以明白孩子与自己有些矛盾和冲突实在不是什么新鲜事，多多理解孩子，孩子的成长是需要爱和包容。只有真正地理解孩子了，孩子与父母才可能建立一种默契。

不和对着干的孩子对着干

孩子小的时候，父母总盼着他长大，可是年龄稍大一点儿，孩子就会和父母顶嘴，或者干脆跟父母对着干。比如，你要让他换衣服，他偏不换；叫他早点睡觉，他故意翻来覆去地不睡；让他写作业，他偏要先玩一会儿……而且你越是说他，他越是有理由；你越是要求严格，他越是对着干，还蹬鼻子上脸。气的父母一声长叹：前世的冤家！

孩子究竟是怎么了呢？怎么突然间就这样不听话了？

还是先看一个案例吧。

小君的爸爸妈妈是一对很开明的父母，一直以来跟小君都很有默契。可是小君的妈妈最近发现，儿子自从读小学六年级以来，性格发生了显著变化。他似乎不像以前那样喜欢跟父母交流了，对于父母的一些做法和看法，他也时不时地提出反对意见。有一段时间，他甚至特别喜欢跟自己的父母"对着干"：父母要求他做的事情，他总是找各种理由拒绝；父母给他的意见和建议，他也经常当作耳旁风；当父母想要跟他好好谈谈的时候，他没听几句就转身出门不理父母。

"小君，你上次不是说想去看话剧吗？这周末妈妈陪你一起去看吧！"

"不了，我现在不想了，我周末想要跟同学一起去唱歌。"

"小君，过两天就是你的生日了，以前你总想请同学到家里来玩玩，明天爸爸妈妈就给你们足够的时间玩，我已经帮你们准备了很多零食，到时候你们可以好好聚聚。"

"不用了，我现在觉得还是去外面过比较好，我已经跟同学们说了，就在外面过。"

"那爸爸妈妈也去，顺便帮你买单？"

"不行，我请的都是同学，你们去不合适。"

"你这孩子，怎么总喜欢跟父母对着干？也不想想如果你是父母，我们老是跟你这么对着干，你心里会好受吗？"妈妈很委屈地对小君说，惹得小君的爸爸在一旁哈哈大笑。

"你笑什么？孩子都这样了，你也不管管？"妈妈把矛头对准了小

君的爸爸。小君趁机回了自己的房间。

　　就事论事，这个例子中的小君之所以会经常做出与父母"对着干"的举动，与青春期的叛逆心理密不可分。在生活中，面对孩子成长发育过程中的这些心理特征，父母应该多多了解和关心，并在此基础上通过实际行动帮助孩子走出成长过程中的困惑，帮助孩子健康成长。

　　苹苹下学期就读初中了，妈妈发现，她最近变得有些奇怪，总喜欢跟同龄人聊天，却什么话也不跟家人说。有时候妈妈问上好几句，她才勉强回应一两句。更让妈妈担忧的是，原本乖巧的女儿似乎一下子变得叛逆起来了，在很多事情上都喜欢跟父母对着干。

　　比如有一天，妈妈高兴地告诉她："苹苹，你不是一直想学舞蹈吗？我们昨天已经帮你联系好了，明天就带你去报名。"

　　"舞蹈？我现在已经不想学了。"苹苹没好气地说。

　　"你这孩子，上次不是哭着嚷着要去吗？妈妈费了很大的劲儿才帮你联系上，现在怎么不想学了？"

"就是不想学了，我就不喜欢按照你的意思去做，不想总是顺从你！"苹苹的话让妈妈既生气又诧异。

这个时候，苹苹的妈妈应该怎么跟孩子沟通呢？硬碰硬行吗？当然不行。这样做的话，只会让孩子的逆反心理更加强烈。爸爸妈妈应该意识到，孩子长大了，他们有强烈的独立意识，想自己安排自己的事情是好事。父母不必去过多干涉孩子，就能减少这些不必要的冲突。

努力和孩子寻找共同话题

有不少父母发现，孩子越是长大，和父母的关系越是疏离，特别是正处在青春期的孩子。还有一些父母发现，自己的孩子非常善变，在学校中和在家中判若两人，在学校活泼开朗，在家中却一言不发。

实际上，只要不是非常过分，孩子对父母有所疏离是一种正常现象。孩子长大了，他们渴望挣脱父母的束缚，渴望有自己的空间，按照自己的意志安排生活，同时也希望父母给予自己理解和支持，如果不被理解，就会表现得叛逆。

我们要知道，父母与孩子交流受阻的关键原因并不是青春期造成的心理变化，而是父母和孩子之间缺乏共同语言。再加上有些爸爸妈妈常年忙于工作，不重视与孩子的交流，好不容易有了和孩子沟通的机会，又往往将关注点放在孩子的学习成绩上，对孩子真正感兴趣的事情置之不理。这种价值观的不同，才是导致父母与孩子之间出现隔阂的罪魁祸首。

　　想摆脱这种僵化的亲子关系，最好的方式就是试着和孩子做朋友，努力寻找和孩子的共同语言。我们来看一个发生在现实生活中的例子：

　　超超是个农村留守儿童，由于父母平时在外地打工，而且工作很忙，他从小就跟着爷爷奶奶生活，直到上初中，才被父母接到城里借读。

　　由于长期没跟父母生活在一起，起初，超超跟父母的关系并不是很好，动不动表现出对父母的不信任与不耐烦，并且凡事都喜欢跟父母对着干。

　　超超的妈妈与儿子沟通了好几次，都以失败告终。她百思不得其解，也非常苦闷。但她在潜意识里觉得，应该试着走进孩子的世界，努力寻找与超超的共同话题，拉近母子之间的距离。在得知超超喜欢打篮球后，妈妈找到了突破口。

　　"儿子，今天是周末，你想要打球吗？带妈妈一起去吧，我也想活

动活动筋骨。"妈妈问。

起初，超超还不太愿意和妈妈一起去球场，总找各种借口推脱，可打过几次之后他发现，妈妈在球场上和他配合得非常默契，一定程度上还是个高手，只是多年为生活打拼，让她没有机会展示这方面的才华。

打完球，妈妈还总是不无骄傲地说："儿子，你在球场上的表现真棒，以后有时间我们再一起切磋。"听完这些话，超超会心一笑，与妈妈的距离感不复存在了。

这是个日新月异的时代，有时候，为了与孩子交流，父母也要有意识地不断提高自己，多关注一些新鲜事物，多关注孩子喜欢的东西，努力让自己的思想跟上时代，不要让孩子觉得自己很老土。

比如，孩子很喜欢流行歌曲，父母也不妨试着学唱几首，体会一下孩子的音乐品位。再比如，跟孩子聊聊他们喜欢什么类型的影视剧，谈谈他们关注的偶像，而不是一边跟他们抢遥控器，一边打压他们不成熟的审美。

我的同事李姐讲过一段亲身经历：

有一天，我跟孩子一起坐在沙发上，电视里正在播放热播的电视剧，女儿看得兴高采烈，这让我感到很奇怪。

"你很喜欢里面的男主角吗？"

"当然喜欢啦！"

"可是，我更喜欢女主角。"

"为什么呀？"

"因为她很努力呀，作为一个武打替身，她喜欢自己的职业，努力去做到最好，而且心地又善良，面对自己喜欢的人，虽然有时候表现出很骄傲的样子，可是私底下努力跟他学习。"

"嗯，男主角也很好呀！那么爱她，照顾她。"

"是不错，可那也是因为这样的姑娘值得他爱。"

"好吧，妈妈，我知道你什么意思了，我会努力的。"

"哎哟，15 岁的孩子说出这样的话，可真是不害臊哦！"

"这都 21 世纪了，有什么害臊的？"

我笑了笑。女儿放下遥控器，回房间去睡觉了。

李姐说，在教育女儿的过程中，她尽量不讲大道理，很多时候都是以孩子喜欢的东西为切入点，从侧面给她讲述自己的体验。就这样，即使是在孩子的青春期里，她们母女俩还是很亲密，女儿也很少叛逆。

李姐的经验其实也适用于绝大多数家庭，正在为此焦虑的父母们不妨一试。

孩子出现社交障碍怎么办？

有些孩子生性大大咧咧，遇到不开心，顶多哭一场；有些孩子则比较内向，在成长的过程中遇到伤心事，会更加闷闷不乐。如果他能够自我调节还好，但是如果他长期沉默寡言，不想与人交流，家长们就应该特别留心，并且要及时发现症结。

下面例子中的小玉就是这样一个孩子。

小玉的妈妈最近很为女儿担心，因为在前不久的家长会后，老师特意叫住小玉的妈妈说："小玉这孩子哪儿都好，就是平时性格内向、沉默寡言，上课不积极回答问题，下课后也不怎么跟同学交流，这对孩子的成长很不利。家长要多跟小玉交流，让她打开心扉，更活泼一些。"

　　小玉的妈妈回想了一下，觉得自己的孩子确实是这样，从小倒是很听话，但过于内向，在公共场合胆子很小，得刻意引导一下。

　　"小玉，今天是周末，你怎么不出去找同学玩啊？"

　　"不去了，也没什么好朋友，我还是在家好好学习吧！"

　　"也要注意劳逸结合啊，你出去玩吧，去找隔壁的云云吧，她妈妈说她今天在家。"

　　"不，我不找她玩，她那么好动，话也多，还总喜欢到人多的地方凑热闹，我可不想跟她一样。"

　　"热闹很好啊，大家一起玩才开心嘛！"

　　"我就喜欢一个人待着，在人多的地方我感到无聊，我也不喜欢跟别人交流！"

　　"你……"

　　在现实生活中，像小玉一样的孩子不在少数，他们喜欢独处，害怕与人交往，不喜欢也不擅长在众人面前发言，勉强与人交谈的时候，也显得焦躁不安，担心自己在别人面前出丑；对人很排斥，不能信任周围的人，也不能接纳周围的人。

　　孩子之所以会这样，主要是源于内心的恐惧。这种不正常的心理状态与一个人的性格、心态、成长环境等因素密切相关。假如一个孩子的性格很内向，那么他很可能是在童年时期的社交场合遭受过打击，或者是在成长过程中经历过什么让他感到不愉快的事情。这些不舒服的经历会让孩子在潜意识中厌恶与人交往。如果严重到影响正常学习、生活的程度，家长应该向专业的咨询师求助。

当然，绝大多数的小朋友还没有严重到有心理障碍的程度。有的孩子在他熟悉的环境中会表现得特别活跃，但是换一个地方、换一群人，就会表现出非常内向的一面。只要不是发自内心地恐惧社交，家长只需多关注孩子的感受，多多地鼓励孩子即可，比如鼓励他主动跟其他小朋友玩耍，多带孩子参加亲戚朋友的聚会等。

小颜刚上幼儿园时，总是一个人躲在角落里，不跟其他小朋友玩。幼儿园老师看到这种情况后，就把她拉到小朋友中间，让他们一起玩。但是没过一会儿，小颜又跑到角落里，自己一个人去玩了。

后来，老师把这种情况告诉了小颜的妈妈。于是，在一个早上，妈妈特意请了假，送小颜来到幼儿园。到小朋友们活动的时间了，小颜还是一如往常地自己一个人躲在角落里。妈妈见了，赶紧叫来也在这里上

幼儿园的邻居的女儿彤彤，对彤彤说："彤彤，你去叫上小颜跟你一起玩，好不好？"

"她不喜欢跟我们玩，她总是一个人玩。"彤彤嘟着嘴说。

"这次她会跟你一起玩的。"

"好吧！"

彤彤和小颜的妈妈一起找到小颜，彤彤对小颜说："小颜，我们一起去玩吧！"小颜看看彤彤，又看看妈妈，摇了摇头。

"去吧，小颜，和彤彤一起去玩，她很想跟你玩。"妈妈鼓励她说。

小颜还是摇摇头。

"小颜，如果你不去，彤彤会很难过的，你哪怕去跟她玩一会儿，然后回来再自己玩，好吗？"

小颜点了点头，彤彤也很高兴地拉着小颜去跟大家玩。这一次，小颜没有回到角落里，老师看到后，对小颜的妈妈竖起了大拇指："你真有办法！"

"她只是有些胆小，多鼓励一下她就好了。"妈妈对老师说。

人是群居的动物，不能没有社交。良好的社交，能够磨炼和增强一个人的能力。只有当一个人的接触面越来越广之后，他的知识面才会得到更大程度的提升，情商也随之提高。反之，如果孩子从小害怕与人交往，又没有得到及时引导，那么将来的发展就会受到一定的局限。所以家长们不能轻视孩子的交往问题，如果孩子变得不爱说话，或者是看到人就躲，家长就要及时关心孩子的情况和感受，并给予帮助。

第七章

吸引孩子与我们合拍

要始终牢记，你想要的是孩子与你合拍，而不是各执己见、互相对立。所以，父母不要一上来就把自己的"旋律"或"节奏"强加给他，可以先找到他的兴趣点与兴奋点，尝试着与孩子交流。这样，你才有可能在不知不觉中，吸引孩子与我们合拍。

再忙也要多陪陪孩子

某年的央视春晚上，许多小朋友合唱了一首儿歌，唱出了不少孩子的心声："爱我你就抱抱我，爱我你就陪陪我。"这是孩子们再正常不过的情感需要，但很多时候得不到满足。很多父母都是在孩子没起床时就上班了，孩子都睡着了才刚刚回到家，生活不易，这是事实，但无论多忙，父母也要抽时间来陪陪孩子。

陪孩子，也不是单纯地跟孩子待在一起那么简单。你在玩手机，孩子在看动画片，你俩到底是谁在陪谁？无疑，父母应该占主导，应该抓紧一切时间与机会引导孩子，这才是有效的陪伴。

家长应该想想自己有没有做过这些事，然后把该补的"课"及时补上：

每天下班后问问孩子的情况，同时也向孩子讲述一些自己的事情。

每周抽出一天或半天时间专门陪伴孩子。

每晚睡前，去孩子房间与他交谈一会儿。

我认识一位非常成功的职业女性，身边人对她都是"光鲜亮丽"等溢美之词，但在总结自己的育儿过程时，这位妈妈向我发出过这样的感慨：

父母一定要多挤点儿时间陪陪小孩。你可以把孩子交给保姆、老人，但是谁也取代不了父母在孩子心目中的地位。千万不要以忙为借口把孩子推给别人，不管多忙，一定要记住和孩子多聊天、多沟通。

在我的孩子很小的时候，我和孩子的爸爸都忙于自己的事业，想着我们得有所成就，才能给孩子一个更好的未来，才是对孩子最大的爱。因此，我们决定把孩子送回老家，交给孩子的爷爷奶奶照顾。我们觉得，每个月只要给孩子多寄一些衣服和玩具，让他在物质上得到很好的满足就可以了。

我们努力工作，尽自己最大的力量，给孩子创造了很好的物质条件。可是，等事业有成的时候，我们却痛苦地发现孩子根本不愿意和我们沟通。更可怕的是，孩子内向多疑、胆小怕事，偶尔还会做出一些很古怪的行为。

看着这样的孩子，我不禁心生疑虑：我们赚再多的钱，就一定可以让他有一个幸福、快乐的未来吗？一个缺乏爱的孩子怎么会快乐呢？我现在真是后悔以前为了事业没有多陪陪孩子，没有给孩子足够的关爱。

孩子仅仅内向多疑、胆小怕事，还不是最坏的结果。媒体上常常报道一些孩子因为缺乏父母的陪伴与引导，变得胆大妄为，走上了歧途，给自己与他人造成了悲剧。所以，家长们要不断反思，看看自己是否忽视了孩子的情感需求，并在此基础上合理安排，尽量取得孩子教育与家庭、事业的真正平衡。

无独有偶，我还认识这样一位父亲，有一次碰面，他跟我讲起了自己儿子的事：

"自从有了儿子之后，我更加努力，不断地开创着事业，再加上几位贵人的帮忙，我逐渐由替人打工发展到创立起自己的小公司。公司生意蒸蒸日上，发展态势很好，我因此整天忙得团团转，结果忽略了在成长中的儿子，我和儿子在一起的时间也越来越少了。"

一个周末，这位父亲出差一周后，拖着疲惫的身子回到了家中，当时已是午夜时分，儿子早已经睡着了。当他将随身的文件放进书房时，看到书桌上有一张纸条，内容是这样的："我的好爸爸，我好久没看到你了，你是个做生意的能手，可惜你是个'冰箱'爸爸，别的小朋友的父爱是热的，你的爱却是冰冷的。"

儿子的话给了这位年轻的爸爸巨大的震撼。从此，无论多忙，他都会抽出时间陪儿子说说话，先谈谈自己工作上的趣事，再聊聊儿子学校里发生的事情。这样相处的时间多了，他们的父子关系变得非常融洽，公司的生意也并没有受影响。

这个故事具有一定的代表性，尽管现在的家长们面临着各种生存压力，早出晚归，很少与孩子交流，但在一个完整的家庭里，对于孩子而言，无论是爸爸，还是妈妈，都是他们每天生活中不可缺少的一部分。

家长们多抽出些时间陪陪孩子，不仅非常重要，而且也不会像某些人所担心的那样，因此而影响事业发展。如果真有人因为陪孩子而影响了事业，那是否需要重新审视事业的真正价值？

孩子出现问题时是改善亲子关系的契机

喜怒哀乐，人之常情，就算是成年人，也需要与人分享自己的喜乐悲愁，对于孩子来说更是如此，他们在这方面的需求，远比成年人更为迫切。相关研究也表明，90% 的孩子都渴望与父母分享成长中的喜怒哀乐，前提是父母对他关心，值得他信任。

有的时候，孩子需要的是家长的建议或解决问题的方法；有的时候，孩子需要的是家长的支持和理解；有的时候，孩子只是想发泄一下情绪，说完就好。家长要仔细甄别，区别对待，不能想当然。

先来看一个反面教材：

小爽放学回到家后，迫不及待地和妈妈分享一天的感受。

小爽："当班长太累了，既要自己学习，又要维持纪律。"

妈妈："既然不喜欢，就跟老师说说不当了。"

小爽："可是我也很喜欢当班长，它让我觉得很光荣。"

妈妈："既然你喜欢，那就不要再嚷嚷着说累了。"

小爽（沮丧）："可是喜欢不代表不累啊！"

妈妈（无奈）："真不知道你到底要说什么。"

……

其实，小爽只是想吐吐槽，发泄一下情绪，妈妈不仅没有察觉到她的需求，回应起来还冷言冷语，她想继续分享自己的心情才怪。如果妈妈换一种谈话方式，先倾听，再共情，然后再适当引导，效果就会有明显的不同。比如：

小爽："当班长太累了，既要自己学习，还要维持纪律。"

妈妈："你今天好像很累。"

小爽："是啊，当班长让我觉得很光荣，可也让我总觉得有压力。"

妈妈："嗯，我明白你的感受，我也曾经有过这样的情况。"

小爽："我该怎么做才好呢？真头疼。"

妈妈："妈妈相信你一定能处理好的，走，我们一起出去散散步。"

散步的过程中，小爽不停地讲着，妈妈耐心地听着，时不时回应一句。小爽很兴奋，心中暗说："妈妈是个好听众！"

正像这个例子所展示的，有时和孩子在一起，只是倾听、感受和理解就行，并不需要过多地给孩子提出解决方法。不过，这并不是说家长们只需听听孩子的抱怨就万事大吉。孩子遇到的具体事情不同，感情需要也不同，家长们介入与引导的方法也应该相应不同。

记得我儿子小的时候，有一天，他很沮丧地回到家中，放下书包，一句话不说就进了自己的卧室。我觉得他肯定是在学校里发生了什么不愉快的事才会这样，于是马上敲开了孩子的房门。

"儿子，发生什么事了？跟妈说说。"我坐在孩子身边，问他。

"我们班上的一个女生太讨厌了。我代表班级去参加学校举办的作文比赛，没有拿到奖，心里本来就够难受了，谁知道她还在那儿说风凉话，说我作文写得好，不过只在我们这个班里还算行罢了，但跟其他班的一比较就差多了。"孩子说着说着，竟然哭了起来。

"好了，你难道不明白，她是在嫉妒你吗？"说着，我轻抚着孩子的头顶，安慰孩子。

"我也觉得自己很糟糕，跟其他人一比。"孩子明显是在试探我。

"不，我早就说过，不管你成绩怎样，在妈妈心里你都是个好孩子。"

听了我的话，孩子又哭了两声，便止住了哭泣，并对我说："下次我一定拿个奖让她看看！"

古人说"烦恼即菩提"，这话应用在亲子关系上也是如此。孩子遇到问题的时候，以及亲子关系遭受考验的时候，正是改善亲子关系的大好契机。所以，父母要在孩子遇到危机时，第一时间给予他们爱和理解，孩子才能尽早走出不快，尽快成长起来。

和孩子一起开家庭会议

为什么有的孩子很难交到朋友？为什么有的孩子走到哪里都被孤立？为什么有的孩子跟父母也不合拍？通常来说，这与父母从来不考虑孩子的感受，孩子从小在家中没有话语权有一定关系。

有教育专家指出，父母凡事做主，说一不二，没有话语权的孩子会不可避免地感到失望与愤怒。长此以往，孩子的情绪无处发泄，就会成为窝窝囊囊、沉默寡言的"闷葫芦"，或者凡事保持着事不关己高高挂起的态度。因此，家长们可以试着召开家庭会议，利用会议的氛围与仪式感，从小培养孩子的主人翁意识和合作精神。

首先，家庭会议是孩子说话和发声的小窗口。在这里，孩子可以被倾听，可以参与到交流甚至是解决问题的环节中，在这种平等民主的氛围下进行的教育，无形中对孩子形成良好的熏陶。孩子思考问题、组织语言、积极参与的能力都会得到锻炼。而且，在这种情况下，孩子也很容易感受到来自父母的重视。

其次，家庭会议是孩子成长的小通道。通过家庭会议上讨论的各项问题，孩子可以逐渐熟悉家庭结构，了解家庭成员各自应尽的责任与义务。在一个正常且完整的家庭里，需要考虑家务、财务预算、日程安排和生活方式等，熟知这些事务，可以为孩子以后离开父母、自立门户、更好地适应社会打下坚实的基础。

最后，当孩子的想法得以表达之后，孩子的情绪也得到了疏导，孩

子的心理会更加健康，家庭也会更加和谐、稳定。

我们来看一个案例：

当，当，当……

晚上8点钟刚到，小明就赶紧召集父母和奶奶，一起召开每月一次的家庭会议。

作为本次家庭会议的主持人，小明首先学着电视里主持人的样子，说了一段开场白，然后真诚地询问："爸爸，你对我这个月的表现满意吗？"

"嗯，非常满意，只是你今后放学回家时，尽快洗个澡，好吗？可能是由于天气太热，你总是抱怨自己浑身痒，影响你的睡眠。"

"嗯，好的，谢谢你的提醒！"小明一边点头，一边在会议本上写下了"勤洗澡"三个字。

"我说说吧，"第二个发言的是妈妈，"我也不知道为什么，这段时间总有一股莫名的烦躁。"

"可能是因为你长时间待在家里，照顾咱妈，忙里忙外，很少外出散心的缘故。这段时间我的工作很紧张，也没时间陪你。这样吧，下个星期天，我们一家人去郊游好吗？"爸爸说。

"你的建议太好了！"妈妈开心地说。

于是，一家人又开始讨论起下周末的郊游计划。

这样的家庭会议，这样的民主交流，会有哪个孩子不喜欢呢？反过来说，对于那些专制的家长与粗暴的命令，不会有一个孩子会发自内心地喜欢，一不小心还会激起孩子的逆反心理，下面案例中的主人公就是其中的代表：

一个周末，小华在家里一边吃零食一边看电视，等爸爸回来时，桌子和地板上已满是垃圾。

"你看看你把这地板'造的'！长这么大了，也不知道收拾收拾，整天就知道吃！"爸爸没好气地对小华说。

"不就是几个包装袋吗？不是很脏啊！上次你在家的时候，地板比这还脏，你都说可以等明天再打扫的。"

"你这孩子，怎么这么跟爸爸说话，爸爸忙着工作，这有可比性吗？赶紧把电视关了，打扫卫生！"爸爸的语气非常强硬。

小华听后很不高兴，出于少女的任性，她电视也不关，更没有打扫垃圾，而是自顾自地回了房间。

"你！"爸爸站在原地，发作也不是，不发作也不是。

其实，小华并不是邋遢大王似的孩子，她本想吃完手中的零食就打扫卫生的，可爸爸提前回来了，并且以不容商量的语气命令她，令她十分反感，所以她才选择了跟爸爸对着干。如果爸爸能像妈妈那样，能以温柔且商量的语气平和地跟她说话，她一定会愉快接受的。

　　生活中不乏小华的爸爸这种强势的父母，他们习惯性地认为孩子就应该听命于家长，就应该听从自己的吩咐和要求，不仅不习惯征求孩子的意见，而且对孩子明确表达的不满也置若罔闻，并强行压制，自然会像小华的爸爸一样，引发孩子的反感。同时我们也不难想象，如果小华的家庭有像模像样的家庭会议，并且爸爸妈妈能做到民主、温情，当小华的爸爸在家庭会议上委婉地对小华提出"注意家庭卫生"等建议，小华是一定不会强烈抵触的。

　　现实生活中，有些父母虽然征求了孩子的意见，但只是象征性地问问孩子。很多时候，父母会觉得孩子的意见不成熟，最终还是主观地按照自己的意见去行事，而将孩子的意见弃之不顾。结果，让孩子觉得自己的意见得不到重视，最后也懒得参加这种形式性的"家庭会议"。

　　孩子是家庭中的一分子，有权利参与家庭大事的讨论，而参与讨论又可以带给孩子不少益处，父母何乐而不为呢？

家庭教导的五大导师

　　正所谓"父母是孩子最好的老师"，最好的亲子教育，势必不能由父母之外的人主导与替代。当然，事情也不是说说那么简单。在进行家庭教育的过程中，父母一定要深刻理解以下 5 个关键词。为了方便记忆，我把它们归纳为家庭教导的五大导师，即"辅导""指导""引导""教导"与"主导"。

先说"辅导"，这个词的意思，就好比是过河时主要依靠的是孩子的脚和腿，而家长需要做的只是在关键或是危险的时刻"牵"他一下、"拉"他一把而已。但是，大多数的家长并不知道这一点，好像家长的给予是在满足家长自己的内心需要，而不是针对孩子的真正需要。很多家长都在无意识中自以为是地给予了孩子很多，也都使一厢情愿的爱护伤到了孩子的自立能力与自我成就之心。

再说"指导"，孩子在成长的过程中需要必不可少的指导，但如果指导得太多，就会导致孩子依赖性的强化和自我能力的弱化。所以，家长在给予孩子指导的时候要掌握好分寸。如何才能做到恰到好处呢？除了用心，并没有一个相应的公式，家长们只能自己摸索。

接着说"引导"，这个词好比领着孩子走路，也就是说，孩子在成长的过程中会形成自己的"主见"和"能力"，这些已经形成的能力会指导他自己好好走路。人是有向上和向善本能的，只要家长给他提供好的滋养，孩子就会像植物一样向着阳光生长。作为家长，又何必事事躬亲呢？

然后说"教导"，这个词实际上已经有一点点居高临下和强迫的苗头了。俗话说，牛不喝水不能强按头，孩子不是不可以教导，也不是不应该教导，只是在教导的过程中一定要考虑孩子内心的感受。

最后说"主导"，这个词多少有点"主宰"的意味，有点强迫孩子学习，甚至让孩子为家长学习的意思。显然，这不够理性，过于天真。家长们要知道，孩子绝对不是大人想怎么掌控就怎么掌控的。如果大人想主导孩子的思想或者是生活，那么孩子将不再是独立的个体。他们或许暂时会很听话，但未来一定会比那些不听话的孩子更令家长头痛。

了解了这"五大导师"以后，还需要掌握一些交流的技巧。

比如，家长可以每天找机会跟孩子聊聊学校里的情况，每周可以定期和孩子一起做些有意思或有意义的事情，比如做饭、逛街、打球、看电影等，一边做一边交流。当孩子发表异议的时候，家长不要急于反驳，要先听他把想法表达清楚，然后再针对他的观点和他进行交流。

要始终牢记，你想要的是孩子与你合拍，而不是各执己见，互相对立。所以，父母不要一上来就把自己的"旋律"或"节奏"强加给他，可以先找到他的兴趣点与兴奋点，尝试着与孩子交流。这样，你才有可能在不知不觉中，吸引孩子与自己合拍。

第八章

培养孩子的合作意识

在现实生活中，有些孩子性格畏缩、躲避、爱哭、不敢与人接触，从根本上说，这与他们的家庭影响有很大的关系。这些孩子的爸爸妈妈或者爷爷奶奶等监护人怕自己的孩子吃亏，对其过分保护，从而使孩子养成了胆小怕事、遇事退缩的性格。还有些家长不明事理，不管发生什么，第一时间想到的就是"护犊子"，蛮不讲理，这类家长首先要面对的不是如何培养孩子的问题，而是先完善自身的问题。

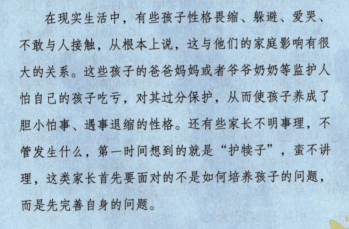

注意培养孩子的交往能力

有一次，我和朋友带着她的孩子小丽一起去商场。路上，小丽的妈妈遇到了老朋友，一阵寒暄之后，发现孩子并没有跟老朋友打招呼，马上引导孩子说："小丽，你好像忘记什么了吧？"小丽意识不到自己该说什么。小丽的妈妈只好指着朋友说："这是李阿姨，去过咱家好几次了。"小丽听了妈妈的话，害羞地低下了头，但还是没有说什么。小丽的妈妈无奈地对朋友说："也不知道这孩子怎么了，遇到人也不知道打招呼，性格还这么内向，在学校也不愿意与人交往。"

后来，我们经过交流才知道，小丽异常表现的始作俑者不是别人，正是小丽的妈妈。小的时候，小丽的妈妈只希望小丽学习成绩好，除了学习，其他什么活动都不让小丽参加。家里来了客人，小丽刚跑到客厅，妈妈就让她回自己房间做功课。小丽想找小区里的小伙伴去玩，妈妈也喜欢干涉："有什么好玩的？在家看书吧！刚给你买的书还没看呢！"时间久了，小丽一见人就畏畏缩缩，甚至连一句话都说不出来了。

像小丽这样的孩子并不是个案。在现实生活中，有不少青少年性格孤僻，害怕与人交往，躲在自己的小世界中顾影自怜。另外，有些青少年觉得自己孤独，如果不及时引导，或多或少会导致他们在人际交往方面出现障碍。

与人相处的能力是一种综合能力，它包括很多因素，家长们要从小有意识地引导和培养孩子。比如，从小多让孩子和其他小朋友一起玩，这不但能够在游戏中锻炼他的团队合作意识，还能够训练孩子对人际关系的协调处理能力，孩子的性格也会变得开朗、活泼，容易与人相处。

一个交往能力不强的孩子，其他能力的发展也必然会受到影响。对此，教育专家给出了以下建议：

（1）尽量为孩子扩大交往的圈子，使孩子除了家庭成员以外，能够和更多的人交流、交往，如伙伴、朋友、同学、老师、亲戚等。

（2）尽量将孩子视为一个个体，平等地看待孩子，努力培养孩子独立的人格。需要注意的是，这个过程要顺其自然，不可强制规范，不然只会适得其反，对孩子极为不利。

（3）除了和孩子进行语言上的沟通以外，也可以尝试和孩子进行一些其他方式的对话，比如一起做亲子游戏等。

石油大亨洛克菲勒在总结自己的成功经验时曾说："与太阳下所有的能力相比，我更关注与人交往的能力。"

我们来看一个生活中的小例子：

希希很小的时候，爸爸妈妈因为工作很忙，便把她带回乡下由爷爷奶奶照顾。一连过了几年，等到希希要上幼儿园时，妈妈才痛下决心，把她接回到身边。刚到父母身边的希希总是哭着要爷爷奶奶，不哭的时候则表现出胆怯内向的一面，这让希希的妈妈很担心。

第一次带希希去幼儿园时，希希一直躲在妈妈身后，不敢跟老师、同学打招呼。即使过了一个月，希希在幼儿园里还经常一个人趴在桌子上发呆，很少跟其他小朋友玩。

为了能让希希融入幼儿园生活，希希的妈妈开始想办法。最后，她采纳了老师的建议，那就是带希希去小朋友家玩，或者邀请希希的小朋友来家里玩。她想，邀请希希的小朋友来家里玩，人家可能会不愿意，会婉拒，所以不如直接去别的小朋友家玩。希希最初很不愿意，妈妈就鼓励她说："希希不要怕，去小朋友家玩是很有趣的，而且妈妈跟小朋友的妈妈是好朋友，当年也是同学呢！他们很欢迎我们呢！"希希还是很不情愿，但最终跟着妈妈去了小朋友家。一回生，二回熟，就这样，慢慢地，希希跟班里的大多数孩子开始了真正意义上的认识和交往。小朋友们在幼儿园玩的时候，也总是叫上希希一起玩。有时间的时候，希希的妈妈还不断地邀请希希的小朋友到家里玩，希希与人相处的能力越来越棒。

总之，没有人天生孤独，也没有人喜欢孤独。每个孩子都希望自己有很多朋友，但孩子们的心理还不太成熟，还不足以解决和朋友交往中出现的所有问题，这需要父母对其进行引导与帮助。这不仅仅是孩子成长的需要，也是为孩子的未来播下一粒有益的种子。

鼓励孩子多与人接触

社会学家说，"人是群居的动物。"不错，一生中，我们不可避免地要与他人打交道，也不可避免地要遇到各种各样的人。有的人也许和我们只有一面之缘，有的人却会成为我们终生的朋友。如果一个人从小就害怕与人交流，那么很显然，其学习、事业与生活都会遇到很多阻碍。因此，让孩子学会与他人交往，对孩子的成长及个性完善具有重大的意义，父母要鼓励孩子从小多与人接触。

不过，孩子在整个幼儿时期都很难摆脱以自我为中心的特点，他们也很难站在别人的角度看待问题，并且会认为自己的想法就是别人的想法。正因为如此，才更需要家长及早介入，培养孩子与人交往的习惯。

那么，怎样培养呢？一般而言，孩子眼中的朋友就是和他们一起玩的人。如果我们问孩子"为什么某某是你的好朋友"，他们的回答也多半是"因为他经常和我玩"。我们可以有意带孩子找邻居家的同龄小朋友们一起玩，让孩子们在一起，慢慢体悟一些交往技巧，然后再想办法扩大孩子的交友范围。

在这个过程中，家长们要明确一点，孩子与人交往的过程，不仅是孩子自身性格变得更加完善的过程，同时也是家长们不断自我完善的过程。为什么这么说呢？且看下面的案例：

5岁的小豪人如其名，性格开朗，喜欢交朋友。有一次，他和妈妈去野餐时，在他们的营地旁边有另一家人。小豪看到他们家也有一个小朋友，社交能力马上开始展露。他向小朋友挥手示意，那个小朋友看到有人挥手，也兴高采烈地回应着。两个孩子就这样挥来挥去，乐此不疲。但是不一会儿，对面小朋友的家长制止了自己的孩子，然后冲小豪叫道："你敢打我儿子，我就打你！"小豪的父母听了哭笑不得，赶紧走过去解释一番，才解开了误会。

就像上面案例中展现的，很多家长在理智上都是支持孩子认识新朋友的，但是当自己的孩子和陌生人交流的时候，保护孩子的强烈意识往往会遮蔽家长的理智，于是有些家长会做出一些不恰当的行为。这会在无形中给孩子灌输强烈的防范意识，对孩子日后与人接触和交

往往会产生非常不利的影响。父母应该鼓励孩子多与人接触，自己也要有足够宽广的胸怀，像爱自己的孩子一样爱别人的孩子，像理解自己的孩子一样理解别人的孩子。

在现实生活中，我们看到有些孩子性格畏缩、躲避、爱哭泣、不敢与人接触，从根本上说，这与他们的家庭影响有很大的关系。这些孩子的爸爸妈妈或者爷爷奶奶等监护人怕自己的孩子吃亏，对其过分保护，从而使孩子养成了胆小怕事、遇事退缩的性格。还有些家长不明事理，不管发生什么，第一时间想到的就是"护犊子"，蛮不讲理，这类家长首先要面对的不是如何培养孩子的问题，而是先完善自身的问题。

对于孩子来说，适合他们成长的小社会并不特别强调成年人的出现，因为孩子们对新事物的接受和感知能力是有限的，更适合他们的是不同年龄孩子间的互动，这对孩子的智力特别是思维能力的发展非常有好处。这可以训练他们的思维和表达能力，以及因此感受到的"人气"和"威望"，从而极大地鼓舞他们的信心。

这也是蒙台梭利的一个教育主张——混龄教育。所谓混龄教育，就是想办法让不同年龄段的孩子们一起玩耍，这样能够体现出群体互动的复杂性和层次性。不同的孩子在不同的群体当中扮演着不同的角色，比如说在这个群体中是弟弟或者妹妹，到了另一个群体就是哥哥或者姐姐，这样的身份变化会使他们不断适应和接受新的角色。这些角色变化可以让孩子体验到年幼儿童对年长儿童的尊重、敬畏、钦佩或嫉妒，同时还能体验到年长儿童对年幼儿童的关心、爱护或轻视等，这些复杂的情感体验能给孩子带来巨大的冲击，能锻炼孩子各方面的能力，这对于他们的成长来说是一笔不可多得的财富。

和孩子一起参加活动

陪伴孩子及与孩子互动的过程，就是教育孩子的过程。家长应该抓住每一次和孩子共同参加活动的机会，教会孩子更多的技能和本领。可是，有的父母在陪伴孩子方面，无论是时长，还是质量，都做得远远不够。

举个实例来说，如果有一天，你的孩子在学校要参加球赛，邀请你观看，你会请假或抽出时间去参加吗？一些家长可能会认为，这只是孩子的一次比赛，去不去没有多大的关系，更不必为此请假。其实，这种想法是错误的。不少教育专家之所以不厌其烦地建议父母积极参加孩子的活动，是因为参加这类活动本身是对孩子的肯定，这种肯定是对孩子最好的激励。如果家长们希望自己的孩子能够养成良好的品质，掌握其他与学习、生活、工作相关的技能，就要积极参与孩子的活动，并且在这个过程中带着饱满的热情，对孩子加以指导和鼓励，为孩子树立榜样。

自从孩子上学以来，一位父亲从不曾缺席自己的孩子参与过的每一项活动：小镇篮球联赛、校运动会、学生音乐会、话剧表演——即使儿子只是演一棵树。这位父亲是一名牙医，他对运动一窍不通，对音乐也不感兴趣，但儿子偏偏对这些都感兴趣。父亲也远比普通人更忙，但不管多忙，他都会努力抽出时间去为儿子加油。

最近一段时间，儿子迷上了制作遥控飞行器。为此，他甚至办了寄宿，专心的在学校里研究、试验。每天，他都会给爸爸打电话，报告自己的新进展：飞行器反应更灵活了、飞得更远了……一天，儿子打来电话："爸爸，明天下午就开始比赛了，来给我加油吧！"父亲兴高采烈地回答："太棒了！我明天一定准时去。"

第二天，父亲像以往那样安排好顾客，把诊所停业一天，一心一意地为儿子加油。上午，他跑到书店里，给儿子买了几本遥控飞行器方面的书，又给儿子买了一组昂贵的飞机模型。下午，比赛开始前，他提前

赶到学校，给儿子临赛前的鼓励。

遗憾的是，儿子那天并没有取得好名次，面对专程赶来的爸爸，他有点惭愧。这时，父亲拿出自己事先准备好的礼物——书和模型，递给儿子，然后用玩笑式的威胁口吻说："小子，看到了吗？这么贵的书和礼物都买了，你要是敢因为一次小小的失败就放弃，我绝对饶不了你！"儿子大笑着接过礼物："什么放弃呀！等着吧，下次第一名就是我！"短短的几秒钟，他已经完全振作起来了。

当然，也有些家长总认为让孩子一个人玩就可以了，自己已经累了一天，哪有心情和时间陪孩子玩呢？其实，爱玩是每个孩子的天性，很多父母能够不限制孩子去玩就不错了，能和孩子一起玩的父母就更少了。许多父母总觉得玩是孩子的事情，和自己没有多大关系，自己还有更重要的事情去做。其实，孩子从内心里需要父母做他们的游戏伙伴，和他们一起玩游戏，这不仅能满足孩子们的情感需要，还能促进孩子的心理发展。

有不少家长，一旦忙起来，就会用"我很忙""我还有很多事情要做"这样的话来敷衍孩子。其实，家长们忙是正常现象，假如能忙里偷闲，陪孩子玩耍一会儿，和孩子多多相处，不仅对亲子感情大有好处，更重要的是，这也是孩子接受新事物、学习新知识的最好方式，家长自己也能从中得到慰藉与调剂。

我们讲一个名人的例子：

笛卡尔是实验科学方法论的创始人，他的思想对整个世界的影响都很大。笛卡尔能取得这样大的成就，与其童年时候的家教是分不开的。

笛卡尔小时候很喜欢玩搭房子的游戏。他的父亲认为，孩子玩这种游戏，能锻炼他的形象思维能力，而且在玩这种游戏的时候，孩子的手脑并用，动手能力会大大提高。因此，每当笛卡尔玩搭房子游戏的时候，父亲会给予他很多帮助。他经常会引导笛卡尔利用现有的模型、图画去想象，同时还为他讲一些有关结构建筑的基本知识和基本方法，告诉他怎样将木块铺平、怎样去延伸、怎样达到合理的受力效果等。这样的游戏训练了笛卡尔的空间认识，同时也使他学会了有计划、有步骤地进行设计，在玩的过程中很有成就感。

　　总之，真正科学的家庭教育，就是将知识融入孩子的游戏之中。因为对于孩子而言，玩就是学习，学习就是玩。对于孩子来说，玩是最快乐的事情，他们每天都是一边玩耍一边学习。如果把游戏当成孩子学习的一种方式，孩子在玩的过程中就能锻炼肢体、发展动作、促进记忆、开发智力、培养情感、认识世界。家长应以专注的精神很投入地和孩子一起玩，家长真正投入的时候，孩子才会真正感受到开心。相反，家长应付的态度只会让孩子扫兴，甚至会引起一些不愉快。

第九章

培养孩子的自律能力

　　调查显示，那些不能自控的孩子，要么是完全没人管，要么是从小被管得太严，相较而言，后者所占的比例更大。究其原因，就在于他们从小没有自己的空间，因此一旦有机会，就会尽情地放飞自我。对于他们来说，自由实在是太难得了。所以一旦自由了，就会想着去尽情做自己平时想做又不敢做的事。反过来说，如果你一直让他自己选择，他就不会觉得偶尔一次的自由有多么宝贵，就能理性地对待自己的行为，慢慢学会自我控制。

过度管控的孩子学不会自控

哲学家卢梭说："人是生而自由的，却无往不在枷锁之中。"所以，每个人都对自由有着热切的渴望，没有人喜欢自己的行为被人限制。若被限制太多的话，就会激起反抗。孩子也是如此，如果父母很严厉地控制孩子的行动自由，孩子就会想方设法地摆脱控制，或者"上有政策，下有对策"，和父母斗智斗勇。时间长了，必然是两败俱伤。

我们来看一个小例子：

斯羽的母亲一直想把女儿培养成钢琴家，在斯羽很小的时候，每天放学回家后，就禁止她的一切娱乐活动，把所有精力都用在练琴上。看到别的小朋友在小区里开心地玩耍，斯羽羡慕得不得了。

有一个周末，斯羽实在是太想下楼玩了，就猛练了一阵，然后对妈妈说："妈妈，我就下楼玩 10 分钟。"妈妈一想也就 10 分钟，于是允许了。

可是，等了半个小时，斯羽还没有回来练琴。妈妈怒不可遏，下楼把斯羽找了回来，边走边抱怨："你这孩子怎么没一点儿自控能力呢？说好的 10 分钟，现在都半个小时了——以后想都别想下楼玩！"

就像斯羽的母亲一样，我们经常可以听到很多父母发出类似的抱怨：让他出去玩一会儿，结果玩了半天都不知道回来；遇到喜欢吃的东西，就吃个没够，不吃完绝不放下筷子……这样的现象确实不少，不过父母们也该反思一下自己的教育：是不是因为自己管得太严了，孩子才会这样？

调查显示，那些不能自控的孩子，要么是完全没人管，要么是从小被管得太严，相比较而言，后者所占的比例更大。究其原因，就在于他们从小没有自己的空间，因此一旦有机会，就会尽情地放飞自我。对他们来说，自由实在是太难得了。所以，一旦他们获得自由，就会想着去尽情做自己平时想做又不敢做的事。

反过来说，如果你一直让他自己选择，他就不会觉得偶尔一次的自由有多么宝贵，就能理性地对待自己的行为，慢慢学会自我控制。

中国台湾的著名漫画家朱德庸，非但从来不限制孩子玩耍的时间，而且总是担心孩子在学校学习的时间太多，没机会出来玩，于是常常请假带着孩子周游世界。可是很奇怪，他的儿子似乎并不喜欢这样"放纵"。有一次去欧洲，爸爸玩得很开心，儿子却哭了起来。问他为什么，他说："爸爸，我想回学校上学。"

很多教育学家也提倡孩子要在宽松的环境中成长，并从专业角度深入地探讨了孩子的天性发展与成长环境之间的关系。简单来说，当你真正放开手让孩子成长的时候，他是不会像你想的那样漫无目的、毫无纪律的生活，在他的内心乃至基因中有一套自我发展的规律，他会遵照这个规律去学习、说话、排队等。如果我们压制或者想人为地调整这个规律，就会破坏孩子的成长。

每个父母都希望自己的孩子健康快乐地成长，那就不妨给孩子留些自由选择的空间。有很多事情，家长的监督与引导是必要的。而很多事情的决定权，则完全可以交给孩子自己。比如，自己选衣服，自己决定零花钱的支配，自己决定吃饭的多少，自己决定几点做作业、什么时候玩，等等。

每个人都是一个独立的个体，孩子到了一定年龄，会迫切地希望自己的事情自己做主。一般来说，当孩子有了这样的意识时，孩子的责任感也开始增强了，二者是相辅相成的。给他一定的自由，孩子才会学着自我控制。父母对孩子过度控制，只会让孩子不自在，也学不会自控。

命令不如商量，强迫不如诱导

"小兵，都几点了，你怎么还磨磨蹭蹭的？快点儿，你必须马上起床，否则我们俩都得迟到，我可没时间等你。快点儿！"

"快点儿，马上把牛奶喝了，然后背上书包，咱们马上出发。"

"小兵，快点儿帮爸爸倒杯水，然后帮爸爸拿把椅子过来。听见了没？你还在干什么？我说话你没听到啊？快点儿！"

"都放学这么久了还不写作业，非得点灯熬油地写吗？快点儿，迅速，马上，不然这个周末妈妈不带你去度假村了！"

小兵的爸爸妈妈都形成了家长制作风，所以夫妻俩经常以命令的口吻对小兵讲话，最常说的就是各种"你必须""马上去做""你绝不能这样"等。他们认为这没有什么不妥，殊不知对于这种说话方式，小兵早就非常反感了，时不时还表现出抵触和叛逆情绪，总喜欢跟家长对着干。

现实生活中，像小兵家长一样的父母并不少见，这些父母喜欢根据自己的意愿安排孩子的行动，动辄发号施令，或是斥责孩子，这非常不妥。孩子虽然还小，但也有自己的独立思想和感情，他们也希望按照自己的意愿安排自己的生活。他们的感受是：父母命令式的说话方式不仅是家长权威的流露，也是双方地位不平等的表现。

所以在家庭中，父母应多与孩子沟通，不要用发号施令的说话方式，否则不仅无法令孩子信服，还很容易激起孩子的叛逆情绪。

可能父母会觉得，对孩子发号施令是父母的权利，命令孩子做事情

也是理所当然。但是，孩子终有一天会长大，当他们有了独立自主的意识，积压已久的反感就会爆发，会更加不愿意听父母的话。有的父母为了维护自己的面子，会进一步强迫孩子做某些事情，这样的话，孩子与父母之间的对抗就在所难免了，亲子关系势必大受影响。

教育孩子不仅要讲究技巧，还需要相应的智慧。具体来说，要把握好以下两点：

首先，在生活中，家长如果要求孩子做某事或者快点行动时，可以试着改变命令式的口吻，采用商量的语气。因为不管在什么条件下，命令都是不平等的，而商量的语气则会让孩子感受到平等和尊重，才更有利于拉近父母与孩子间的距离。只有这样，孩子才更容易接受父母的教导，按照父母的要求办事。

其次，父母在避免发号施令的同时，还可以采取一些灵活的说话方式来增强教育和说话的效果。比如，父母在要求孩子办事情的时候可以通过表扬、鼓励等方式，让孩子体会到行动的价值；再如，父母在希望孩子立即行动时，可以采用激将法、游戏比赛等方式，激励孩子的行为；等等。

我们应该改变与孩子沟通的方式，不用命令的语气和孩子说话，多从孩子的角度去思考问题，多听取孩子的意见，并且让孩子平等地参与事情的决策。

第十章

放下棍棒，走出误区

古人云"良药苦口利于病，忠言逆耳利于行"，这话没错，但很多父母错误地理解为，只要奉上良药孩子就会吃掉，只要抛出忠言孩子就会执行。这未免太一厢情愿了。从古至今，多少成熟、智慧、出将入相的人，也未必能做到，更何况是我们的孩子？另外，良药其实可以不必苦口，也可以裹着糖衣，忠言也可以说得智慧而婉转。

打骂不能从根本上解决问题

李林的爸爸脾气有些暴躁，在教育孩子的时候没什么耐心，动不动就对孩子大吼大叫。但李林既没有因此有所改善，也没有因此而服从爸爸的管教，反而变得很叛逆。

有一次，李林因为考试成绩很不理想，再次遭到爸爸毫不客气的训斥。

"爸爸，老师说家长不能随便骂人！"等爸爸发作完，李林不满地抗议。

"谁让你不好好学习呢？考不好就得挨骂，下次我还揍你呢！"爸爸大声地吼道。

"你这样做是不对的！"李林有些气愤地说。

"你是我儿子，我就得管你！'打是亲，骂是爱'，我们都是这么过来的！我打你骂你是为你好，别人我还懒得管呢！"

"我不用你管！你越这样，我越不听！"李林一边说，一边哭着跑出了家门。

生活中，我们经常听到类似的对话。因为时至今日，"打是亲，骂是爱"还是不少家长信奉的教育理念。不少父母坚信孩子不打不成器，小树不修不成材，希望孩子挨一次打就会长足教训，记住"前车之鉴"。可事实上，这种教育方式收效甚微，多数孩子并不会因为父母的

打骂而意识到自己的错误，改正不良行为，反而会对父母心生不满。

很多父母认为，打骂不起作用，那肯定是给孩子的教训太轻，所以孩子才没记住。殊不知，这是因为孩子受到了"情绪判断优先定律"的影响。所谓"情绪判断优先定律"，是指当人们遇到问题时，通常会情绪先于理性，先发泄情绪，然后才去处理事情。孩子的理智发展还不健全，几乎完全受"情绪判断优先定律"的控制，当孩子对父母有不满情绪之后，通常会先记住当时的"恐惧"，而忘了对错误的判断与反省，同时还会因为父母的不理解和不尊重而厌恶父母。这就是很多孩子屡教不改、很多家庭鸡飞狗跳的真实原因。

表面上看，打骂确实可以使孩子暂时克制住自己不正确的欲望，控制住不正确的行为，但是不能从根本上解决问题，弄不好还可能使孩子养成说谎的毛病，变得阳奉阴违。同时，打骂会侵犯孩子的人格权，并扼杀孩子的个性，还容易使孩子丧失自尊心，变得逆来顺受、畏首畏尾，或者冲动鲁莽，对孩子的个性发展和人生都会产生消极影响。

《白鹿原》是陕西作家陈忠实的名作，凭借这部小说，陈忠实获得了第四届茅盾文学奖。在《白鹿原》里，他塑造了许多具有时代意义的、鲜明的人物形象。其中，黑娃作为一个反面人物让人印象非常深刻。

　　黑娃是地主白嘉轩的管家鹿三的儿子，白嘉轩对他十分爱护，要求也严格，当他犯了错误时，就像教育自己家的孩子一样，总是严厉地斥责并打骂，希望他从此改过。可是，多年以后，这个在白嘉轩打骂下成长起来的孩子当了土匪不说，回到村子以后，他做的第一件事就是打断了白嘉轩的腰。

　　"我恨你从小就挺着腰板教训我。"黑娃对白嘉轩说。

　　"那是你嘉轩叔爱你，恨铁不成钢！"鹿三哭着对儿子说。

　　可是，黑娃还是一枪杆子打断了白嘉轩的腰。

　　现实生活中也有无数事实证明，"打是亲，骂是爱"是最大的"谎言"，这种暴力教育从来就不会让孩子变得顺从、聪明和懂事，只会招致孩子对父母的怨恨。

建议比批评更管用

　　春荣上小学时，聪明漂亮、活泼乖巧，街坊邻居人见人夸，父母也很欣慰。

　　但最近一段时间，春荣突然发现，自己竟然有些讨厌妈妈了。因为妈妈总是动不动批评自己，即使当着同学和朋友的面，也丝毫不考虑自己的感受，有时说话还特别难听。为此，她已经和妈妈吵了几次架，母女关系有些紧张。

　　上个周末，妈妈要求春荣帮自己把一些特产送到姑姑家去，并讲了一堆大道理，如"姑姑对你那么好，你可不能没良心"等，可春荣因为提前和同学约好了一起逛街拒绝了妈妈。

　　妈妈也不依不饶，当着同学的面批评女儿："你怎么这么不懂事？妈妈今天要忙着加班，才让你替我去一趟，你太不懂事了！"

　　"我就不去！我们早就约好了，而且昨天也跟你说了，东西你可以明天再送嘛！"春荣说。

　　"妈妈明天还有其他事情啊，这么大的孩子了，一点儿也不体谅父母。"妈妈再次批评春荣说。

　　"我也想体谅你啊，可你每次跟我说话都是这样的语气，还动不动就训人，爸爸就不会这样！"说完，春荣拉着同学走出家门，把妈妈晾在了一边。

古人云"良药苦口利于病，忠言逆耳利于行"，这话没错，但很多父母错误地理解为，只要奉上良药孩子就会吃掉，只要抛出忠言孩子就会执行。这未免太一厢情愿了。从古至今，多少成熟、智慧、出将入相的人，也未必能做到，更何况我们的孩子？另外，良药其实可以不必苦口，也可以裹着糖衣，忠言也可以说得智慧而婉转。

从孩子的角度来说，父母们也完全可以将自己对孩子的批评转换成建议。具体来说，有以下的方法可以参考：

（1）在教育孩子之前，父母最好能仔细回想一下孩子的行为，并用描述性的语言记录下来，如孩子当时做出了怎样的举动，其中有哪些可取之处和闪光点。父母要拿放大镜看到孩子的优点。

（2）父母在教育孩子时，最好能用商量和建议代替严厉的苛责。同时，父母还可以多用正面、积极的语言来描述孩子的行为等，并且在认同孩子的基础上，给孩子提出建议。在提建议时，父母可以讲自己的经历，也可以激发孩子自我思考。

我们再来看一个具体的案例：

小芳平时学习很努力，积极上进，在班里颇有人缘，新学期开学的时候还被推选为班长，她非常高兴，学习更有热情了。可最近一段时间，她总是没精打采的。

爸爸看到女儿这样，关切地问："宝贝最近怎么了？好像没以前精神了。"

"嗯，最近出了点儿状况。因为一些小事，还是误会，我跟学习委员闹矛盾了，心情不好，有时心不在焉，影响了学习，期中考试也没考好。老师找我谈话了。"说完，小芳低着头，准备接受爸爸的批评。

爸爸却没有批评她，反而表扬道："你能认识到问题，这是好事啊！现在可以想办法补救啊。既然你知道跟学习委员闹矛盾是因为误会，那为什么不及时向她解释呢？爸爸相信你一定能做好！"

"嗯！"听了爸爸的话，小芳觉得自己的动力满满的。

总之，随着孩子一天天长大，他们越来越需要遵守周围世界的规则，越来越需要来自家长的支持。作为家长应该理解孩子，在他们出现错误和困难时，要多给一些建议，少给一些批评，这样他们就不会对自己失去信心。

慎用惩罚教育

我在一家教育咨询机构任职时，曾经有一位母亲一脸焦虑地问："老师，你是不知道我们家孩子多让人头疼。这孩子也不知道随谁，总在学校打架。每一次他打完架，他爸就把他打一顿，总以为他会改，可是，他爸已经打过他好多次了，孩子也没改。老师，你说这孩子怎么会成这样？"

"那是因为他爸惩罚他的次数太多了，他都习以为常了。他觉得不过是挨顿打而已。一点儿皮肉之苦，这对于喜欢打架的孩子来说根本就无所谓，他们也不会因为挨打而意识到打架不好，相反还会更喜欢打架。你打他，他不得打别人发泄啊？"我说。

孩子在犯错的时候，他们在潜意识里会做好接受惩戒的准备，由于猜不到家长会如何处置自己，所以他们会担心、会焦虑。这种担心和焦虑有助于他们改正错误，他们的潜意识会告诉他们，以后可不要再犯这样的错误了。没有人喜欢不安的感觉。可是，如果家长经常性地惩罚孩子，孩子就会预料到家长的惩罚机制，他们心中的不安会逐渐消失。一旦这种不安消失了，孩子自然就开始无所顾忌了。

　　我的咨询生涯中，遇到过一个十五六岁的孩子，他学习不好，还染上了偷盗的恶习。当时他站在我面前，一副桀骜不驯的表情："改了能怎样？不改又能怎样？大不了就是来一顿打呗，没什么大不了的！"

　　"但你偷东西，本质是不好的。这你得承认吧？难道你没有意识到吗？"我问。

　　"一开始我确实不知道，我爸也没告诉我这些，他就是会打人。刚开始我还怕他打我，后来次数多了，也就无所谓了。"孩子一脸无所谓的表情，孩子的父母则是一脸尴尬。

显而易见，如果家长经常性地惩罚孩子，不仅起不到教育的作用，还会对孩子的身心发展造成伤害，影响孩子的未来。

　　科学研究表明，那些在经常性惩罚中成长起来的孩子，要么性格内向，害怕与人交往，总是表现出极其不自信的样子；要么性格暴躁，具有暴力倾向。

　　此外，经常惩罚会让孩子对父母产生敌对情绪，从而影响亲子关系的和谐，进而带来一系列不良影响。

　　有一次，我去朋友家聊天，朋友说自己的儿子学习粗心，生活懒散，还经常闯祸。由于朋友性格比较急躁，父子俩吵了几次架，导致孩子现在遇事只跟妈妈说，不跟爸爸多说一句话。只要爸爸走到他跟前，他就戴上耳机，让爸爸既伤心又气愤。

　　也许是说到了痛点，我亲眼看到，孩子又把耳机戴上了。

　　"你把耳机摘下来。"朋友走过去，生气地命令道，"这位叔叔是这方面的专家，我今天专门让他来帮我管你的，你好好听听！"

　　孩子装作没有听到。朋友更生气了，从孩子的耳朵上拽下耳机。孩子一激灵，又在第一时间把耳机戴上了。看得出来，他还是有些怕爸爸的。

　　但是朋友已经忍无可忍了，伸手就给了他一巴掌。

　　"你干什么？你打死我吧！"孩子大声喊叫起来。妈妈赶紧从厨房里跑出来解围。

　　"你这孩子，怎么就不能跟爸爸好好说话呢？"妈妈一边安慰孩子，一边问他。

　　"我就是讨厌跟他说话，他总是不分青红皂白地打我。不管我犯错后想改还是不想改，他就是先打为快！"孩子带着哭腔，在客厅里咆哼着。

朋友听了孩子的抱怨，不好意思地看看我，把头转向了一边。

其实，这样的例子并不鲜见。为了孩子的成长与未来，家长们不可能不管孩子，有时还会责罚孩子。但千万别忘了，惩罚教育是一把双刃剑，在运用的时候要尽量谨慎，否则，不但实现不了教育孩子的初衷，还会伤害孩子。